图解法律 系列

图解 治安管理处罚法

法规应用研究中心 / 编

 开拓体例 让法律阅读更轻松　 图文并茂 让法律学习更高效

中国法治出版社
CHINA LEGAL PUBLISHING HOUSE

出版说明

书前的你，是否也有这样的学习烦恼：

笔记满满当当，可好像没学会什么。

资料用书看了几遍，还是似懂非懂，好像没有记忆点。

怎么才能做到过目不忘、一学就会呢？

本书就介绍了一个很实用的工具——思维导图，带你扫除阴霾，赶超学霸！

"图解法律系列"是运用图表的形式，将可视化思维融入法律工具书的编排和解读中，思维导图和核心知识点相融合，使专业、纸面的法律条文变得生动、立体。精美的版面设计和双色印刷提升了读者的阅读体验；条文与注释结合让重点内容清晰明了、轻松掌握；图形化的思维导图使法条逻辑清晰顺畅。

本丛书具有以下几大特点：

一、专业性

从立法部门对条文的专业解读中提炼要点注释。编选案例均来源于最高人民法院、最高人民检察院发布的指导性案例、公报案例、人民法院案例库参考案例，以及中国裁判文书网和各级人民法院发布的典型案例，并梳理归纳裁判要点，从而更好地指导法律实践。

二、体系性

用引注线的方式标注解释条文中的法律专业术语和关键内容，并逐条关联学习中常用的司法解释及其他法律。同时，用思维导图和流程图将重点内容清晰化，强调记忆点，帮助读者全面搭建法律知识图谱。

三、实用性

本书既可做法规书用于阅读法律条文，又可做注释书用于学习内容要点，更可做案例书用于学习裁判要点。一书在手，减少阅读时间，降低学习成本。

四、便捷性

本书采用双色印刷，清晰明了，提升了读者的阅读体验；小开本装帧方便日常携带，随拿随用，方便读者查找和学习。

我们力争做到内容的直观性、形式的生动性、使用的便捷性，打造一本全面实用、好看好用的新型学法适法用书！

目 录

中华人民共和国治安管理处罚法

第一章 总　　则

第 一 条　【立法目的和根据】 ………………………………………… 2
第 二 条　【党的领导和综合治理】 …………………………………… 3
第 三 条　【违反治安管理行为与犯罪行为的界分】 ………………… 4
第 四 条　【治安管理处罚的程序】 …………………………………… 6
第 五 条　【适用范围】 ………………………………………………… 8
第 六 条　【治安管理处罚的原则】 …………………………………… 10
第 七 条　【主管部门和管辖】 ………………………………………… 12
第 八 条　【民事责任、不得以罚代刑】 ……………………………… 14
第 九 条　【治安案件的调解】 ………………………………………… 16

第二章　处罚的种类和适用

第 十 条　【治安管理处罚的种类】 …………………………………… 20
第十一条　【涉案财物的处理】 ………………………………………… 22
第十二条　【未成年人违反治安管理的处罚】 ………………………… 24
第十三条　【精神病人、智力残疾人违反治安管理的处罚】 ………… 26
第十四条　【盲人、聋哑人违反治安管理的处罚】 …………………… 28

第十五条	【醉酒的人违反治安管理的处罚】	30
第十六条	【数种违法行为的并罚】	31
第十七条	【共同违反治安管理和教唆、胁迫、诱骗他人违反治安管理的处罚】	32
第十八条	【单位违反治安管理的处罚】	33
第十九条	【为免受不法侵害而采取的制止行为】	34
第二十条	【从轻、减轻或者不予处罚的情形】	35
第二十一条	【认错认罚从宽处理】	36
第二十二条	【从重处罚的情形】	37
第二十三条	【不执行行政拘留处罚的情形与例外】	38
第二十四条	【未成年人矫治教育等措施】	39
第二十五条	【追究时效】	40

第三章 违反治安管理的行为和处罚

第一节 扰乱公共秩序的行为和处罚 ········· 42

第二十六条	【扰乱单位、公共场所、公共交通工具、选举等秩序】	42
第二十七条	【扰乱国家考试秩序】	44
第二十八条	【扰乱大型群众性活动秩序】	46
第二十九条	【以虚构事实、投放虚假危险物质,扬言危害公共安全方式扰乱公共秩序】	48
第三十条	【寻衅滋事】	50
第三十一条	【邪教、会道门及相关非法活动】	52
第三十二条	【扰乱无线电管理秩序】	53
第三十三条	【危害计算机信息系统安全】	54
第三十四条	【组织、领导传销活动,胁迫、诱骗他人参加传销活动】	56
第三十五条	【扰乱国家重要活动,亵渎英雄烈士,宣扬美化侵略战争或行为】	57

第二节 妨害公共安全的行为和处罚 ·· 58
    第三十六条 【非法从事与危险物质相关活动】 ·· 58
    第三十七条 【危险物质被盗抢、丢失不报告】 ·· 60
    第三十八条 【非法携带枪支、弹药或者管制器具】 ···································· 62
    第三十九条 【盗窃、损毁重要公共设施，妨碍国（边）境标志、界线走向管理】 ·· 64
    第 四 十 条 【妨害航空器飞行安全，妨害公共交通工具行驶安全】 ················ 66
    第四十一条 【妨害铁路、城市轨道交通运行安全】 ···································· 68
    第四十二条 【妨害列车行车安全】 ·· 69
    第四十三条 【擅自安装使用电网，道路施工妨碍行人安全，破坏道路施工安全设施，破坏公共设施，违反规定升放升空物体妨害消防安全，高空抛物】 ········ 70
    第四十四条 【举办大型活动违反安全规定】 ··· 72
    第四十五条 【公共活动场所违反安全规定】 ··· 74
    第四十六条 【违规飞行民用无人驾驶航空器、航空运动器材或者升空物体妨害空域管理】 ·· 76

第三节 侵犯人身权利、财产权利的行为和处罚 ··· 78
    第四十七条 【组织、胁迫、诱骗进行恐怖表演，强迫劳动，非法限制人身自由，非法侵入住宅，非法搜查人身】 ·· 78
    第四十八条 【组织、胁迫未成年人有偿陪侍】 ·· 80
    第四十九条 【胁迫、诱骗、利用他人乞讨，以滋扰他人的方式乞讨】 ·············· 81
    第 五 十 条 【恐吓、侮辱、诽谤、诬告陷害、打击报复证人、滋扰他人、侵犯隐私等侵犯人身权利行为】 ·· 82
    第五十一条 【殴打他人，故意伤害他人身体】 ·· 84
    第五十二条 【猥亵他人，公然裸露隐私部位】 ·· 86
    第五十三条 【虐待家庭成员，虐待被监护人和被看护人，遗弃被抚养人】 ········ 88
    第五十四条 【强迫交易】 ·· 90
    第五十五条 【煽动民族仇恨、民族歧视，刊载民族歧视、侮辱内容】 ·············· 92
    第五十六条 【违反规定出售或者提供个人信息，窃取或者非法获取个人信息】 ··· 93

第五十七条	【侵犯通信自由】	94
第五十八条	【盗窃、诈骗、哄抢、抢夺、敲诈勒索】	96
第五十九条	【故意损毁公私财物】	98
第六十条	【对学生欺凌的处理】	100

第四节　妨害社会管理的行为和处罚 102

第六十一条	【阻碍依法执行公务】	102
第六十二条	【招摇撞骗】	104
第六十三条	【伪造、变造、买卖、出租、出借公文、证件、证明文件、印章，伪造、变造、倒卖有价票证、船舶户牌等】	106
第六十四条	【船舶擅自进入、停靠国家禁止、限制进入的水域或者岛屿】	108
第六十五条	【社会组织非法活动，擅自经营需公安许可行业】	109
第六十六条	【煽动、策划非法集会、游行、示威】	110
第六十七条	【旅馆业工作人员违反治安管理规定】	112
第六十八条	【房屋出租人违反治安管理规定】	114
第六十九条	【特定行业经营者未按照规定登记信息】	116
第七十条	【非法安装、使用、提供窃听、窃照专用器材】	117
第七十一条	【典当业、废旧物品收购业违反治安管理规定】	118
第七十二条	【妨害行政执法秩序，违反刑事监督管理规定】	120
第七十三条	【违反有关机关依法作出的禁止性决定】	122
第七十四条	【脱逃】	123
第七十五条	【故意损坏文物、名胜古迹】	124
第七十六条	【偷开他人车、船、航空器，无证驾驶航空器、船舶】	126
第七十七条	【破坏他人坟墓、尸骨、骨灰，违法停放尸体】	128
第七十八条	【卖淫、嫖娼，拉客招嫖】	129

第七十九条	【引诱、容留、介绍卖淫】	130
第八十条	【制作、运输、复制、出售、出租淫秽物品，传播淫秽信息】	132
第八十一条	【组织播放淫秽音像，组织或者进行淫秽表演，参与聚众淫乱活动】	134
第八十二条	【为赌博提供条件，赌博】	136
第八十三条	【违反毒品原植物规定的行为】	138
第八十四条	【非法持有、向他人提供毒品，吸毒，胁迫、欺骗开具麻醉药品、精神药品】	140
第八十五条	【引诱、教唆、欺骗、强迫、容留他人吸食、注射毒品，介绍买卖毒品】	142
第八十六条	【非法生产、经营、购买、运输用于制造毒品的原料、配剂】	143
第八十七条	【为吸毒、赌博、卖淫、嫖娼人员通风报信或者提供其他条件】	144
第八十八条	【社会生活噪声干扰他人】	146
第八十九条	【饲养动物干扰他人，违法出售、饲养危险动物，饲养动物致人伤害，驱使动物伤害他人】	148

第四章　处罚程序

第一节　调查 ... 152

第九十条	【立案调查】	152
第九十一条	【严禁非法收集证据】	154
第九十二条	【收集、调取证据】	156
第九十三条	【其他案件证据材料的使用】	158
第九十四条	【保密义务】	159
第九十五条	【人民警察的回避】	160
第九十六条	【传唤与强制传唤】	162
第九十七条	【询问查证时限和通知家属】	164
第九十八条	【制作询问笔录，询问未成年人】	166
第九十九条	【询问被侵害人和其他证人】	168

第一百条　【代为询问、远程视频询问】 ········· 169
第一百零一条　【询问聋哑人和不通晓当地通用的语言文字的人】 ········· 170
第一百零二条　【检查和提取、采集生物信息或样本】 ········· 171
第一百零三条　【对有关场所、物品及人身的检查】 ········· 172
第一百零四条　【检查笔录的制作】 ········· 174
第一百零五条　【对物品的扣押】 ········· 176
第一百零六条　【鉴定】 ········· 178
第一百零七条　【辨认】 ········· 180
第一百零八条　【两人执法、一人执法及录音录像】 ········· 181

第二节　决　定 ········· 182
 第一百零九条　【治安管理处罚的决定机关】 ········· 182
 第一百一十条　【行政拘留的折抵】 ········· 184
 第一百一十一条　【本人陈述的证据地位】 ········· 186
 第一百一十二条　【告知义务、陈述与申辩权】 ········· 187
 第一百一十三条　【治安案件调查结束后的处理】 ········· 188
 第一百一十四条　【法制审核】 ········· 190
 第一百一十五条　【处罚决定书的内容】 ········· 191
 第一百一十六条　【处罚决定书的宣告、通知和送达】 ········· 192
 第一百一十七条　【听证】 ········· 194
 第一百一十八条　【办案期限】 ········· 196
 第一百一十九条　【当场处罚】 ········· 198
 第一百二十条　【当场处罚的程序】 ········· 200
 第一百二十一条　【行政复议和行政诉讼】 ········· 202

第三节 执 行…………………………………………………………………… 204

 第一百二十二条　【行政拘留处罚的执行】……………………………… 204

 第一百二十三条　【罚款处罚的执行】…………………………………… 206

 第一百二十四条　【上交当场收缴的罚款】……………………………… 208

 第一百二十五条　【专用票据】…………………………………………… 210

 第一百二十六条　【暂缓行政拘留和出所】……………………………… 212

 第一百二十七条　【担保人的条件】……………………………………… 214

 第一百二十八条　【担保人义务及法律责任】…………………………… 215

 第一百二十九条　【保证金的没收】……………………………………… 216

 第 一 百 三 十 条　【保证金的退还】……………………………………… 217

第五章　执法监督

第一百三十一条　【执法原则】…………………………………………… 220

第一百三十二条　【禁止性规定】………………………………………… 221

第一百三十三条　【社会监督】…………………………………………… 222

第一百三十四条　【治安处罚与政务处分衔接】………………………… 223

第一百三十五条　【罚款决定与罚款收缴分离】………………………… 224

第一百三十六条　【治安违法记录封存】………………………………… 225

第一百三十七条　【同步录音录像运行安全管理】……………………… 226

第一百三十八条　【个人信息保护】……………………………………… 227

第一百三十九条　【违法行为及其处罚】………………………………… 228

第 一 百 四 十 条　【赔偿责任】…………………………………………… 230

第六章 附 则

第一百四十一条 【相关法律的衔接适用】 234
第一百四十二条 【海警机构海上治安管理职责与职权】 235
第一百四十三条 【"以上、以下、以内"的含义】 236
第一百四十四条 【施行日期】 237

中华人民共和国治安管理处罚法

第一章 总　则

第一条 【立法目的和根据】①

旧（修订前）	新（修订后）
第一条 为维护社会治安秩序，保障公共安全，保护公民、法人和其他组织的合法权益，规范和保障公安机关及其人民警察依法履行治安管理职责，制定本法。	第一条 为了维护社会治安秩序，保障公共安全，保护公民、法人和其他组织的合法权益，规范和保障公安机关及其人民警察依法履行治安管理职责，根据宪法，制定本法。

思维导图

案例精析

李某诉某县公安局不履行治安管理法定职责案

案号：（2013）菏行终字第114号
来源：中国裁判文书网②

裁判要点

根据《中华人民共和国治安管理处罚法》③第一条的规定，被告作为公安机关负有保护公民、法人和其他组织合法权益等治安管理职责。原告与第三人发生矛盾，原告李某多次报警，被告接警后应对违反治安管理的行为进行调查认定处理，被告却未提供合法有效证据证明其已履行了上述相应职责。被告不履行法定职责的事实，故对原告要求被告履行相应法定职责的请求予以支持。

---

① 条旨为编者所加，仅供读者参考，下文对此不再提示。
② 本书同类案例参见中国裁判文书网，2025年6月27日访问，下文对此不再提示。
③ 本书案例精析部分引用的法律法规均为案件裁判当时有效，下文对此不再提示。

第二条 【党的领导和综合治理】

旧（修订前）	新（修订后）
第六条　各级人民政府应当加强社会治安综合治理，采取有效措施，化解社会矛盾，增进社会和谐，维护社会稳定。	第二条　治安管理工作坚持中国共产党的领导，坚持综合治理。 各级人民政府应当加强社会治安综合治理，采取有效措施，预防和化解社会矛盾纠纷，增进社会和谐，维护社会稳定。

根据《全国人民代表大会常务委员会关于加强社会治安综合治理的决定》，社会治安综合治理的主要任务是：打击各种危害社会的违法犯罪活动，依法严惩严重危害社会治安的刑事犯罪分子；采取各种措施，严密管理制度，加强治安防范工作，堵塞违法犯罪活动的漏洞；加强对全体公民特别是青少年的思想政治教育和法制教育，提高文化、道德素质，增强法制观念；鼓励群众自觉维护社会秩序，同违法犯罪行为作斗争；积极调解、疏导民间纠纷，缓解社会矛盾，消除不安定因素；加强对违法犯罪人员的教育、挽救、改造工作，妥善安置刑满释放人员，减少重新违法犯罪。

拓展适用

《全国人民代表大会常务委员会关于加强社会治安综合治理的决定》

级以上地方各级人民政府公安机关负责本行政区域内的治安管理工作，因此，被告某派出所具有对原告反映的治安纠纷进行调查和作出处理决定的职权。根据《中华人民共和国行政复议法》第十五条第一款第二项的规定，被告某市公安局某分局作为被告某派出所的上级机关和派出机构，具有依法受理不服被告某派出所作出的终止案件调查决定而提起行政复议的职权。

王某某、某市公安局某分局、某派出所公安行政管理案

案号：（2021）辽02行终263号
来源：中国裁判文书网

裁判要点

根据《中华人民共和国治安管理处罚法》第六条的规定，县

第三条 【违反治安管理行为与犯罪行为的界分】

旧（修订前）	新（修订后）
第二条 扰乱公共秩序，妨害公共安全，侵犯人身权利、财产权利，妨害社会管理，具有社会危害性，依照《中华人民共和国刑法》的规定构成犯罪的，依法追究刑事责任；尚不够刑事处罚的，由公安机关依照本法给予治安管理处罚。	**第三条** 扰乱公共秩序，妨害公共安全，侵犯人身权利、财产权利，妨害社会管理，具有社会危害性，依照《中华人民共和国刑法》的规定构成犯罪的，依法追究刑事责任；尚不够刑事处罚的，由公安机关依照本法给予治安管理处罚。

思维导图

违反治安管理行为的性质和特征
- 扰乱公共秩序，妨害公共安全
- 侵犯人身权利、财产权利
- 妨害社会管理，具有社会危害性
- 尚不构成犯罪

要点注释

关于治安管理处罚法的调整范围，本条作出了原则性的规定。本法只适用于扰乱公共秩序，妨害公共安全，侵犯人身权利、财产权利，妨害社会管理尚不构成犯罪的行为。

首先，违反治安管理行为是违反治安管理方面的行政法律、法规的违法行为。治安管理方面的行政法律、法规只限于那些与社会治安秩序相关的行政性法律和法规，所以并非所有的违反公安机关作为主管部门的法律、法规的违法行为都是违反治安管理的行为。

其次，违反治安管理行为具有一定的社会危害性。行为的社会危害性应当是认定一个行为是否违法的实质性标准，有的行为虽然造成他人人身、财产的侵害，但是其实质上并不具有社会危害性，不属于违法行为，如正当防卫行为、紧急避险行为等。

最后，违反治安管理行为尚未构成犯罪，应当受到治安管理处罚。违反治安管理处罚行为的社会危害性在程度上又有一定的限制，即其只是侵犯了治安管理法律、法规所保护的利益，在性质上属于一种违法行为，超过了这一限度的，就构成犯罪行为。必须注意的是，并非所有的由公安机关作出的行政处罚都是治安管理处罚，治安管理处罚只是行政处罚的一种。

拓展适用

《公安机关信访工作规定》
第 67 条

案例精析

某公安分局与罗某治安行政处罚案

案号：（2019）辽 07 行终 1 号
来源：中国裁判文书网

裁判要点：

根据《中华人民共和国治安管理处罚法》第二条的规定，扰乱公共秩序，妨害公共安全，侵犯人身权利、财产权利，妨害社会管理，具有社会危害性，依照《中华人民共和国刑法》的规定构成犯罪的，依法追究刑事责任；尚不够刑事处罚的，由公安机关依照本法给予治安管理处罚。因此，公安机关执行治安管理处罚法进行处罚的对象应当限定在上述范围内，即必须是扰乱公共秩序，妨害公共安全，侵犯人身权利、财产权利，妨害社会管理，具有社会危害性的个人。行为人如果面对寻衅滋事的行为，出于制止不法侵害的目的进行的抵抗，只要没有超过必要的限度，就不应被追究行政责任。首先，关于罗某是否存在对第三人吴某进行殴打的问题。参照《公安机关执行〈中华人民共和国治安管理处罚法〉有关问题的解释（二）》第一条的规定，关于制止违反治安管理行为的法律责任问题，公安机关在行政执法过程中，对于治安案件的发生原因、过程、后果，都应该全面取证，综合考虑。本案中，综合各方当事人的陈述、询问笔录及现场录像可以认定，案外人韩某与被上诉人罗某并不认识第三人吴某，面对吴某的寻衅及殴打行为，罗某采取制止违法侵害行为并未超出合理的界限。从监控录像的视频中可以看出罗某本人为保护自己的老师几次拉架都被第三人王某拽出来，其再一次冲过来抡胳膊的行为虽然触碰到第三人吴某，但其保护老师、制止违法侵害、拉架的目的并没有发生变化，故被告某公安分局仅通过视频中监控到的行为就认定罗某为殴打行为，主要证据不足。其次，由于罗某殴打他人的事实无法认定，关于罗某与其老师韩某构成结伙殴打的事实也无法认定。最后，对某一行为属于互殴抑或属于制止违法侵害行为应当综合加以认定。对于行为人是出于防卫意图还是出于斗殴故意，事件的起因与经过、双方的语言、攻击力量对比以及是否饮酒或吸毒等表现等均可以加以佐证。罗某在老师韩某遭受殴打后，其作出的脚踢、抡胳膊的行为的主要目的是帮助他人摆脱侵害，因此不具有社会危害性。

第四条 【治安管理处罚的程序】

旧（修订前）	新（修订后）
第三条 治安管理处罚的程序，适用本法的规定；本法没有规定的，适用《中华人民共和国行政处罚法》的有关规定。	**第四条** 治安管理处罚的程序，适用本法的规定；本法没有规定的，适用《中华人民共和国行政处罚法》、《中华人民共和国行政强制法》的有关规定。

◆ 思维导图

治安管理处罚的程序
├── 适用本法的规定
└── 本法没有规定的，适用《中华人民共和国行政处罚法》、《中华人民共和国行政强制法》的有关规定

要点注释

　　治安管理处罚是行政处罚的一种。《中华人民共和国行政处罚法》就处罚程序有专门的规定。治安管理处罚除有具备自身特点的程序规定外，在调查、决定和执行等诸多环节，与《中华人民共和国行政处罚法》规定的程序有相同之处。本条是对治安管理处罚程序适用的衔接性规定，即在处罚程序方面，本法有规定的适用本法，本法没有规定的，适用《中华人民共和国行政处罚法》的有关规定。

　　实践中，可从以下四个方面区分治安管理处罚和其他治安行政处罚：第一，凡是本法明确规定给予治安管理处罚的违法行为，是违反治安管理行为，应当适用治安管理处罚的程序。第二，凡是其他法律规定由公安机关给予行政拘留处罚的，应当适用治安管理处罚的程序。第三，凡是其他法律、法规、规章规定由公安机关依照《中华人民共和国治安管理处罚法》给予治安管理处罚的，是违反治安管理行为，应当适用治安管理处罚的程序。第四，凡是直接关系公共安全和社会治安秩序的法律、法规、规章规定的由公安机关查处的行政违法行为，或者法律、法规、规章规定由公安机关查处的直接关系公共安全和社会治安秩序的行政违法行为，属于违反治安管理行为，需要给予行政处罚的，应当适用治安管理处罚的程序。

拓展适用

《中华人民共和国行政处罚法》

案例精析

1. 王某与某市公安局行政拘留案

案号：（2024）鄂06行终224号
来源：中国裁判文书网

裁判要点

关于原告王某诉称处罚管辖权问题。《中华人民共和国行政处罚法》第二十二条规定，行政处罚由违法行为发生地的行政机关管辖。法律、行政法规、部门规章另有规定的，从其规定。《中华人民共和国治安管理处罚法》规定，治安管理处罚的程序，适用本法的规定；本法没有规定的，适用《中华人民共和国行政处罚法》的有关规定。国务院公安部门负责全国的治安管理工作。县级以上地方各级人民政府公安机关负责本行政区域内的治安管理工作。治安案件的管辖由国务院公安部门规定。《公安机关办理行政案件程序规定》第十条规定，行政案件由违法行为地的公安机关管辖。由违法行为人居住地公安机关管辖更为适宜的，可以由违法行为人居住地公安机关管辖。因原告居住地为某市辖区范围内，依据上述规定，被告对本案具有管辖权。

2. 代某某诉天津市某区公安局行政处罚案

案号：（2021）津行申593号
来源：人民法院案例库2023-12-3-001-014

裁判要点

（1）公安机关经调查作出不予行政处罚的决定后，经补充调查又发现新的证据，能够认定违法行为的，应当依法重新作出处理决定，但需先撤销原不予行政处罚决定。

（2）撤销原不予行政处罚决定属于对外发生法律效力的具体行政行为，应当作出撤销原不予行政处罚决定的书面决定并送达行政相对人，不能仅通过内部审批或其他内部手续撤销原不予行政处罚决定后径行作出新的行政处罚决定，否则属于程序违法。

（3）在重新作出的行政处罚决定认定事实清楚、适用法律正确、程序合法的情形下，未明示撤销原不予行政处罚决定并未实质侵害相对人的合法权益，即该违法情形属于程序轻微违法，判决确认重新作出的行政处罚决定程序违法即可，无须予以撤销。

第五条 【适用范围】

旧（修订前）	新（修订后）
第四条　在中华人民共和国领域内发生的违反治安管理行为，除法律有特别规定的外，适用本法。 在中华人民共和国船舶和航空器内发生的违反治安管理行为，除法律有特别规定的外，适用本法。	第五条　在中华人民共和国领域内发生的违反治安管理行为，除法律有特别规定的外，适用本法。 在中华人民共和国船舶和航空器内发生的违反治安管理行为，除法律有特别规定的外，适用本法。 在外国船舶和航空器内发生的违反治安管理行为，依照中华人民共和国缔结或者参加的国际条约，中华人民共和国行使管辖权的，适用本法。

思维导图

适用范围
- 在中华人民共和国领域内发生的违反治安管理行为
- 在中华人民共和国船舶和航空器内发生的违反治安管理行为
- 在外国船舶和航空器内发生的违反治安管理行为，依照中华人民共和国缔结或者参加的国际条约，中华人民共和国行使管辖权的

要点注释

本条是关于本法的适用范围的规定。

首先，中华人民共和国领域内的全部区域，是指我国行使国家主权的地域，包括领陆、领水和领空。在我国领域内违反治安管理的人，包括自然人、法人和其他组织。其中自然人包括中国公民、外国人和国籍不明的人。

其次，在中华人民共和国船舶和航空器内发生的违反治安管理行为，除法律有特别规定的外，适用本法。

最后，本条第一款规定的"除法律有特别规定的外"是指两种情况：一是享有外交特权和豁免权的外国人在我国领域内，不适用本法，应该通过外交途径解决；二是我国香港、

澳门两个特别行政区基本法中的例外规定和对我国台湾地区的例外规定。另外，在外国船舶和航空器内发生的违反治安管理行为，依照中华人民共和国缔结或者参加的国际条约，中华人民共和国行使管辖权的，适用本法。

案例精析

1. 孙某与某市公安局某公安分局、某市某区人民政府行政处罚及行政复议案

案号：（2024）辽10行终119号

来源：中国裁判文书网

裁判要点

根据《中华人民共和国行政复议法》第四条的规定，被告某市某区人民政府具有作出被诉行政复议决定的法定职权。本案中，被告某市公安局某公安分局根据违法行为人张某、戴某、刘某、田某、赵某、孙某的陈述、指认笔录等证据认定的事实清楚，证据充分，形成完整的证据链条。被告某市公安局某公安分局受案后，依法履行了接警、出警、受理、调查、取证、审批、进行处罚前告知、呈请行政处罚审批、作出行政处罚、行政处罚送达、告知被处罚人复议和诉讼权利、执行等法律程序，并根据《中华人民共和国治安管理处罚法》第六十六条第一款之规定对原告孙某作出行政处罚决定，适用法律正确，处罚得当，程序合法。被告某市某区人民政府作出的行政复议决定，认定事实清楚，适用法律正确，程序合法，符合法律规定。

2. 丁某诉某铁路公安局某公安处、某铁路公安局行政处罚及行政复议案

案号：（2019）沪03行终558号

来源：人民法院案例库 2024-12-3-001-021

裁判要点

（1）火车站候车厅和检票口属于供不特定人群停留、等候的公共场所，进入该场所的人员应当自觉遵守车站管理秩序，听从工作人员的指挥和安排。故意违反安检规定，不听从工作人员的现场指挥，造成公共秩序混乱的，属于《中华人民共和国治安管理处罚法》第二十三条规定的"扰乱公共场所秩序"的行为。

（2）认定扰乱公共场所秩序"情节较重"，可以从行为方式和危害结果等方面综合考虑。从行为方面来看，采用推搡、拉扯等方式试图冲闯关卡，与工作人员发生肢体碰撞，手段和方式较为激烈的；从结果方面来看，引起通道挤占、岗位瘫痪，导致车站秩序失控，社会影响恶劣的，应当认定为扰乱公共场所秩序"情节较重"的情形。

第六条 【治安管理处罚的原则】

旧（修订前）	新（修订后）
第五条　治安管理处罚必须以事实为依据，与违反治安管理行为的性质、情节以及社会危害程度相当。 实施治安管理处罚，应当公开、公正，尊重和保障人权，保护公民的人格尊严。 办理治安案件应当坚持教育与处罚相结合的原则。	第六条　治安管理处罚必须以事实为依据，与违反治安管理的事实、性质、情节以及社会危害程度相当。 实施治安管理处罚，应当公开、公正，尊重和保障人权，保护公民的人格尊严。 办理治安案件应当坚持教育与处罚相结合的原则，充分释法说理，教育公民、法人或者其他组织自觉守法。

思维导图

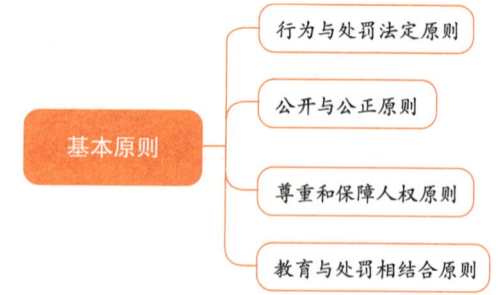

要点注释

本条是关于本法的基本原则的规定。包括以事实为依据原则，与违反治安管理行为的性质、情节以及社会危害程度相当原则，公开、公正原则，尊重和保障人权原则等。以事实为依据原则中的"事实"，实践中主要有以下三种类型：第一，生活事实。也就是，如发生了某个具体的违反本法的事实，如酗酒等。第二，法律事实。指法律规定的，从生活事实中抽象出来的，构成某一法律后果的事实。第三，案件事实。所谓案件事实也就是经过行政机关的判断或法官的裁判，最终可用来进行法律裁判的事实依据。

> 拓展适用
>
> 《公安机关办理行政案件程序规定》
> 第4条、第5条

案例精析

某公安分局、王某等其他（公安）行政案

案号：（2021）鲁01行终102号
来源：中国裁判文书网

裁判要点

当时有效的《公安机关办理行政案件程序规定》第十六条第三款规定："民航公安机关管辖民航管理机构管理的机场工作区域以及民航系统的机关、厂、所、队等单位内和民航飞机上发生的行政案件。"某公安分局作为设立在机场，负责机场治安管理的公安机关，对发生在机场的本起案件依法具有管辖权。《中华人民共和国行政复议法》第十五条第一款第二项规定："对政府工作部门依法设立的派出机构依照法律、法规或者规章规定，以自己的名义作出的具体行政行为不服的，向设立该派出机构的部门或者该部门的本级地方人民政府申请行政复议。"某公安分局系由省公安厅设立的派出机构，省人民政府依法具有对本案进行行政复议的法定职责。

《中华人民共和国民用航空安全保卫条例》第三十二条规定："除国务院另有规定的外，乘坐民用航空器的，禁止随身携带或者交运下列物品……（四）国家规定的其他禁运物品。"第三十五条规定："违反本条例的有关规定，由民航公安机关按照下列规定予以处罚……（三）违反本条例第三十条第二款、第三十二条的规定，尚未构成犯罪的，可以处以5000元以下罚款、没收或者扣留非法携带的物品。"《公安机关办理行政案件程序规定》第一百九十四条第一款规定："对在办理行政案件中查获的下列物品应当依法收缴……（七）法律、法规规定可以收缴的其他非法财物。"本案中，王某存在携带禁运物品的违法行为，对于公共秩序及公众安全带来重大安全隐患，应当依法予以处罚。上诉人上述规定，决定对被上诉人处罚款1000元并收缴点烟器，适用法律、法规正确。

第七条 【主管部门和管辖】

旧（修订前）	新（修订后）
第七条　国务院公安部门负责全国的治安管理工作。县级以上地方各级人民政府公安机关负责本行政区域内的治安管理工作。 治安案件的管辖由国务院公安部门规定。	第七条　国务院公安部门负责全国的治安管理工作。县级以上地方各级人民政府公安机关负责本行政区域内的治安管理工作。 治安案件的管辖由国务院公安部门规定。

◆ 思维导图

```
                    ┌── 国务院公安部门负责全国的治安管理工作
                    │
主管部门和管辖 ─────┼── 县级以上地方各级人民政府公安机关负责本行政区域内的治安管理工作
                    │
                    └── 治安案件的管辖由国务院公安部门规定
```

要点注释

　　对同一违法案件多个公安机关都有管辖权的如何处理。《公安机关办理行政案件程序规定》第十四条规定，几个公安机关都有权管辖的行政案件，由最初受理的公安机关管辖。必要时，可以由主要违法行为地公安机关管辖。第十五条第一款、第二款规定，对管辖权发生争议的，报请共同的上级公安机关指定管辖。对于重大、复杂的案件，上级公安机关可以直接办理或者指定管辖。据此，当多个公安机关都有权管辖行政违法案件时，由最初受理的公安机关管辖。但是，当由主要违法行为地公安机关管辖更为适宜时，可以由主要违法行为地公安机关管辖。因管辖权发生争议的，报请共同的上级公安机关指定管辖。特殊情形的，上级公安机关可以直接办理或者指定管辖。

> **拓展适用**
>
> 《中华人民共和国行政处罚法》
> 第 22 条至第 27 条
>
> 《公安机关办理行政案件程序规定》
> 第 10 条至第 16 条

案例精析

1. 唐某诉某县公安局确认行政行为违法案

案号：（2020）豫 03 行终 407 号

来源：人民法院案例库 2024-12-3-007-004

裁判要点

（1）公安机关是否有权对涉嫌吸毒人员采取强制检测措施的问题。《中华人民共和国禁毒法》和《公安机关办理行政案件程序规定》规定，公安机关可以对涉嫌吸毒的人员进行必要的检测，被检测人员应当予以配合；对拒绝接受检测的，经县级以上人民政府公安机关或者其派出机构负责人批准，可以强制检测。根据上述规定，警方在涉嫌吸毒的人员不配合检测的情况下，确有强制传唤、强制检测的权力。（2）公安机关对异地的涉嫌吸毒案件是否有管辖权，程序是否违法问题。《公安机关办理行政案件程序规定》第十条、第十五条规定，行政案件由违法行为地的公安机关管辖。由违法行为人居住地公安机关管辖更为适宜的，可以由违法行为人居住地公安机关管辖，但是涉及卖淫、嫖娼、赌博、毒品的案件除外。对于重大、复杂的案件，上级公安机关可以直接办理或者指定管辖。上级公安机关直接办理或者指定管辖的，应当书面通知被指定管辖的公安机关和其他有关的公安机关。

2. 陈某诉某省人民政府不履行行政复议法定职责案

案号：（2018）最高法行申 6453 号

来源：人民法院案例库 2023-12-3-021-003

裁判要点

（1）复议机关有关复议申请"明显"不成立的告知行为，一般不具有可诉性；除非复议机关对复议申请不成立的认定错误。同时，复议机关此类不予受理复议申请决定书、告知书错误交代诉权的，人民法院亦不受其约束。（2）行政机关明显不具有相应的事务、地域或者层级管辖职权，则行政相对人的履职申请明显不成立，相应履行法定职责之诉亦不能成立，依法均不属于行政复议受理和行政诉讼受案范围，人民法院可以径行裁定驳回起诉甚至不予登记立案。（3）公民、法人或者其他组织提起行政诉讼，必须符合行政诉讼法所规定的条件；公民、法人或者其他组织提起的诉讼明显不成立或者滥用起诉权利的，人民法院有权不予登记立案。人民法院对已经认定为滥用诉权的起诉，可以退回诉状并记录在册。坚持起诉造成诉讼对方或第三人直接损失的，人民法院可以根据具体情况对无过错方依法提出的赔偿合理的律师费用等正当要求予以支持。

第八条 【民事责任、不得以罚代刑】

旧（修订前）	新（修订后）
第八条 违反治安管理的行为对他人造成损害的，行为人或者其监护人应当依法承担民事责任。	第八条 违反治安管理行为对他人造成损害的，除依照本法给予治安管理处罚外，行为人或者其监护人还应当依法承担民事责任。 违反治安管理行为构成犯罪，应当依法追究刑事责任的，不得以治安管理处罚代替刑事处罚。

根据《中华人民共和国民法典》第二十七条的规定，父母是未成年子女的监护人。未成年人的父母已经死亡或者没有监护能力的，由下列有监护能力的人按顺序担任监护人：（1）祖父母、外祖父母；（2）兄、姐；（3）其他愿意担任监护人的个人或者组织，但是须经未成年人住所地的居民委员会、村民委员会或者民政部门同意。根据《中华人民共和国民法典》第二十八条的规定，无民事行为能力或者限制民事行为能力的成年人，由下列有监护能力的人按顺序担任监护人：（1）配偶；（2）父母、子女；（3）其他近亲属；（4）其他愿意担任监护人的个人或者组织，但是须经被监护人住所地的居民委员会、村民委员会或者民政部门同意。

要点注释

治安管理处罚在法律性质上属于行政法的范畴，本条的规定是《中华人民共和国治安管理处罚法》与民事侵权法律之间的衔接，是为了保证违反治安管理行为的受害人因违反治安管理行为所遭受的损害能够及时得到民事赔偿。《中华人民共和国治安管理处罚法》规定的众多违法行为中，很多都兼具行政违法性和民事侵权性的双重特征。本条只是一种原则性规定，关于具体民事责任的范围、承担方式等问题，都需要依照有关民事法律来确定。值得注意的是，除本法第九条规定的情形外，不得以民事责任的承担替代治安管理处罚。

思维导图

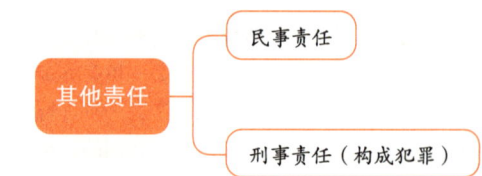

 **案例精析**

1. 陈某与某市公安局某分局、某市人民政府行政案

案号：（2023）闽行申274号

来源：中国裁判文书网

裁判要点

关于陈某主张林某的监护人未承担监护责任的问题。《中华人民共和国治安管理处罚法》第八条、第十三条规定，违反治安管理的行为对他人造成损害的，行为人或者其监护人应当依法承担民事责任。精神病人在不能辨认或者不能控制自己行为的时候违反治安管理的，不予处罚，但是应当责令其监护人严加看管和治疗。间歇性的精神病人在精神正常的时候违反治安管理的，应当给予处罚。本案中，某市公安局某分局于2021年10月17日对林某作出不予行政处罚决定，并同日向林某的监护人作出《责令监护人严加管教通知书》，责令林某的监护人对林某严加管教。2021年10月19日，某市公安局某分局书面向陈某送达《告知书》，告知书记载"对违法行为人造成的损害赔偿纠纷，请你依法向某区人民法院提起民事诉讼"。本案中，如陈某主张人身损害赔偿，可依法另行提起民事诉讼。

2. 王某、秦某容留卖淫案

案号：（2013）通中刑终字第13号

来源：人民法院案例库 2024-18-1-371-001

裁判要点

行政机关在行政执法过程中收集的物证、书证、视听资料、电子数据，在刑事诉讼中可以作为证据使用；与之不同，所收集的言词证据在刑事诉讼中一般不得直接作为证据使用，而应当重新收集或者予以转化。对重新收集或者转化的证据材料，经法庭查证属实，且收集程序符合有关法律、行政法规规定的，才可以作为定案的根据。公安机关在办理治安案件中收集证据材料，亦应适用上述规则。

第九条 【治安案件的调解】

旧（修订前）	新（修订后）
第九条 对于因民间纠纷引起的打架斗殴或者损毁他人财物等违反治安管理行为，情节较轻的，公安机关可以调解处理。经公安机关调解，当事人达成协议的，不予处罚。经调解未达成协议或者达成协议后不履行的，公安机关应当依照本法的规定对违反治安管理行为人给予处罚，并告知当事人可以就民事争议依法向人民法院提起民事诉讼。	第九条 对于因民间纠纷引起的打架斗殴或者损毁他人财物等违反治安管理行为，情节较轻的，公安机关可以调解处理。 调解处理治安案件，应当查明事实，并遵循合法、公正、自愿、及时的原则，注重教育和疏导，促进化解矛盾纠纷。 经公安机关调解，当事人达成协议的，不予处罚。经调解未达成协议或者达成协议后不履行的，公安机关应当依照本法的规定对违反治安管理行为作出处理，并告知当事人可以就民事争议依法向人民法院提起民事诉讼。 对属于第一款规定的调解范围的治安案件，公安机关作出处理决定前，当事人自行和解或者经人民调解委员会调解达成协议并履行，书面申请经公安机关认可的，不予处罚。

> 是指公民之间、公民和单位之间，在生活、工作、生产经营等活动中产生的纠纷，如发生在家庭、邻里、同事等之间的较小争议。因这些争议而引起的打架斗殴或损毁他人财物等违反治安管理行为，情节一般较轻，公安机关可以调解的方式处理。

◎思维导图

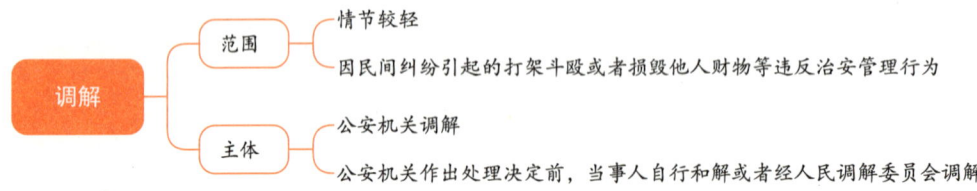

要点注释

调解制度是我国法律制度的一个特色。《中华人民共和国治安管理处罚法》保留了原《中华人民共和国治安管理处罚条例》（已失效）规定的公安机关调解处理治安案件的做法，对公安机关可以调解处理的治安案件的范围也未作实质性的改变，即因民间纠纷引起的打架斗殴、损毁他人财物等违反治安管理行为，情节较轻的，都可以进行调解。公安机关调解处理违反治安管理行为，主要是就违反治安管理行为所造成的对被侵害人的人身、财产等权利的损害应当如何赔偿等问题，在双方当事人之间进行斡旋。注意，公安机关可以调解处理，也可以不调解。为确保调解取得良好效果，调解前应当及时依法做深入细致的调查取证工作，以查明事实、收集证据、分清责任。调解达成协议的，应当制作调解书，交双方当事人签字。

拓展适用

《公安机关办理行政案件程序规定》
第178条至第186条

案例精析

刘某侵害烈士名誉权公益诉讼案

案号：（2019）赣01民初236号
来源：人民法院案例库2024-07-6-467-001

裁判要点：

1. 英雄烈士的事迹和精神是中华民族共同的历史记忆和宝贵的精神财富。加强对英烈姓名、肖像、名誉、荣誉的法律保护，对于促进社会公众尊崇英烈，扬善抑恶，弘扬社会主义核心价值观和爱国主义精神意义重大。行为人在互联网发布侮辱、诽谤英雄烈士的言论，不仅侵害了英烈本人的名誉，给英烈亲属造成精神痛苦，也伤害了社会公众的民族和历史感情，损害了社会公共利益，检察机关有权提起民事公益诉讼。

2. 在民事公益诉讼过程中，虽然被告对公益诉讼起诉人提出的案件事实予以确认，愿意遵照起诉书的诉请履行，人民法院仍应对案件事实、证据、适用法律及程序等进行认真、全面、细致的审查，依法准确认定行为人的行为性质，在不损害社会公共利益的前提下进行调解。

第二章 处罚的种类和适用

第十条 【治安管理处罚的种类】

旧（修订前）	新（修订后）
第十条　治安管理处罚的种类分为： （一）警告； （二）罚款； （三）行政拘留； （四）吊销公安机关发放的许可证。 对违反治安管理的外国人，可以附加适用限期出境或者驱逐出境。	第十条　治安管理处罚的种类分为： （一）警告； （二）罚款； （三）行政拘留； （四）吊销公安机关发放的许可证件。 对违反治安管理的外国人，可以附加适用限期出境或者驱逐出境。

思维导图

要点注释

行政拘留前因同一行为已经被限制人身自由的，可否折抵拘留时间。根据《公安机关办理行政案件程序规定》第一百六十三条的规定，对决定给予行政拘留处罚的人，在处罚前因同一行为已经被采取强制措施限制人身自由的时间应当折抵。限制人身自由一日，折抵执行行政拘留一日。询问查证、继续盘问和采取约束措施的时间不予折抵。被采取强制措施限制人身自由的时间超过决定的行政拘留期限的，行政拘留决定不再执行。

> **拓展适用**
>
> **《公安机关办理行政案件程序规定》**
> 第 163 条

案例精析

1. 曾某与某市公安局治安处罚案

案号：（2020）湘 05 行终 66 号

来源：中国裁判文书网

裁判要点

某市公安局行政处罚决定书主文并未载明对涉案烟花爆竹的处理内容，但以附件形式对涉案烟花爆竹予以收缴。根据《中华人民共和国行政处罚法》第八条、《中华人民共和国治安管理处罚法》第十条的规定，收缴不属于法定的行政处罚种类，不能单独作为行政处罚适用，公安机关办理治安行政处罚案件需要收缴涉案财物的，可以依照公安部《公安机关办理行政案件程序规定》第一百七十五条、第一百九十三条、第一百九十四条的规定，在作出行政处罚决定时对查获的涉案物品一并作出处理，并在行政处罚决定书中直接载明收缴涉案物品情况。就收缴适用技术而言，某市公安局未将收缴财物在处罚决定主文中载明，仅以附清单形式实施收缴，既不符合现行法律规定，也不可取。

2. 张某诉某区市场监督管理局行政处罚案

案号：（2022）豫 05 行终 159 号

来源：人民法院案例库 2024-12-3-001-001

裁判要点

行政处罚应当遵循过罚相当原则，即无过不罚、小过小罚、大过重罚，避免过罚明显失当。法院应当通过着重审查行政相对人的过错程度和违法行为的性质、情节及社会危害程度主客观两个维度，准确判断"过"的大小，充分考量过罚"相当"的因素，包括处罚前科、违法所得、悔错态度及经济能力等情形，合理判定行政处罚种类和处罚幅度，规范行政处罚自由裁量权的合理合法行使，保障行政相对人的合法权益，从而有效实现惩罚与教育相结合。本案二审法院综合考量张某属于小微主体，尚无证据证明其有处罚前科，其主观上并非故意经营农药残留超标的农产品，案涉货值相对较小，且没有已知的危害后果，认为某区市场监督管理局作出的行政处罚明显过罚不当，遂改判处罚行政相对人 10000 元。

第十一条 【涉案财物的处理】

旧（修订前）	新（修订后）
第十一条 办理治安案件所查获的毒品、淫秽物品等违禁品，赌具、赌资，吸食、注射毒品的用具以及直接用于实施违反治安管理行为的本人所有的工具，应当收缴，按照规定处理。 违反治安管理所得的财物，追缴退还被侵害人；没有被侵害人的，登记造册，公开拍卖或者按照国家有关规定处理，所得款项上缴国库。	第十一条 办理治安案件所查获的毒品、淫秽物品等违禁品，赌具、赌资，吸食、注射毒品的用具以及直接用于实施违反治安管理行为的本人所有的工具，应当收缴，按照规定处理。 违反治安管理所得的财物，追缴退还被侵害人；没有被侵害人的，登记造册，公开拍卖或者按照国家有关规定处理，所得款项上缴国库。

◇ 思维导图

涉案财物的处理
- 毒品、淫秽物品等违禁品，赌具、赌资，吸食、注射毒品的用具以及直接用于实施违反治安管理行为的本人所有的工具，应当收缴，按照规定处理
- 违反治安管理所得的财物，追缴并退还给被侵害人
- 没有被侵害人的，登记造册，公开拍卖或者按照国家有关规定处理，所得款项上缴国库

要点注释

对于办理治安案件收缴的涉案物品、工具和财物规定了三种处理方式：第一，对于毒品、淫秽物品等违禁品，赌具、赌资，吸食、注射毒品的用具以及直接用于实施违反治安管理行为的本人所有的工具，应当收缴，按照规定处理。第二，对于被处罚人

因违反治安管理非法所得的财物，应当予以追缴并且将其退还给被侵害人。第三，如果没有被侵害人，则将追缴财物登记造册后，拍卖或按国家有关规定处理，所得款项上缴国库。《公安机关办理行政案件程序规定》第十一章对"涉案财物的管理和处理"作了系统的规定，具体案件的处理适用这些规定。

拓展适用

《公安机关办理行政案件程序规定》
第 187 条至第 197 条

案例精析

罗某等人组织、领导、参加黑社会性质组织案

案号：（2019）粤刑终 534 号
来源：人民法院案例库 2023-04-1-271-017

裁判要点

1. 在对涉黑恶刑事案件财产进行处置时，应当贯彻以下几个原则：一是从严处置原则。确立以摧毁犯罪分子经济基础为目标的量刑原则，注重补偿性和惩罚性刑法手段的运用，突出违法所得的全面追缴及财产刑的判罚，不让犯罪分子通过犯罪获益，并剥夺其再犯的经济能力。实践中，有时被告人的违法所得或被害人的财产损失难以准确认定，对此可结合各被告人供述、证人证言、账目材料、银行流水等综合认定；对被告人拒不供认，亦无其他证据材料证明，导致确实无法查清的，也可在财产刑中予以适当考虑，确保被告人不从犯罪中获益。二是依法处置原则。对财产刑的适用应结合被告人在黑恶势力组织中的地位、作用，所参与实施违法犯罪活动的次数、性质、地位、作用、违法所得额及造成损失数额等情节依法判处，对罚金的判处还应综合考虑被告人的缴纳能力。同时，严格区分财产来源、性质、权属，对有证据证明是被告人或其家庭成员的合法财产的，仅能将属于被告人的部分用于执行财产性判项，剩余部分应发还被告人或其家属。三是平衡处置原则。对被告人判罚的财产刑应尽量与其主刑相适应，兼顾各被告人之间的平衡，同时结合具体案情决定财产刑，避免财产刑数额的畸高畸低。

2. 在涉黑恶刑事案件的财产执行中，应坚持"民事优先"原则，补偿性的刑法手段优于惩罚性的刑法手段，被害人人身损害赔偿优于财产权益补偿。因此，当被执行人承担多种赔偿责任，其财产不足以支付时，应按以下顺序支付：首先，执行附带民事赔偿款和退赔被害人损失。其次，执行追缴违法所得的没收。最后，执行罚金和没收财产刑。对于后续追查到的被告人新的财产线索，亦应按照上述顺序依次执行。对犯罪工具和违禁品的没收，原则上应当独立执行，在有的案件中犯罪工具存在一定价值，可予以变卖，如果涉案财物不足以赔偿被害人人身及财产损失的，也可以考虑将变卖款作为赔偿被害人损失的执行标的。

23

第十二条 【未成年人违反治安管理的处罚】

旧（修订前）	新（修订后）
第十二条 已满十四周岁不满十八周岁的人违反治安管理的，从轻或者减轻处罚；不满十四周岁的人违反治安管理的，不予处罚，但是应当责令其监护人严加管教。	第十二条 已满十四周岁不满十八周岁的人违反治安管理的，从轻或者减轻处罚；不满十四周岁的人违反治安管理的，不予处罚，但是应当责令其监护人严加管教。

思维导图

未成年人违反治安管理的处罚
- 已满十四周岁不满十八周岁的，从轻或者减轻处罚
- 不满十四周岁的，不予处罚，但是应当责令其监护人严加管教

拓展适用

《公安机关执行〈中华人民共和国治安管理处罚法〉有关问题的解释（二）》
第3条、第4条

《公安机关办理行政案件程序规定》
第6条、第157条

案例精析

黄某某未成年人治安管理处罚案

来源：2022年湖北省高级人民法院少年审判工作新闻发布会典型案例之案例九[①]

裁判要点

2018年9月26日下午，黄某某等三人（均系未成年人，其中黄某某未满十六周岁）协商抢夺手机变卖换钱用，随后黄某某等三人以买手机为名查看手机实施抢夺，其中一人被现场抓获并报警，黄某某逃离后由其家长送至S市A区公安分局甲派出所。当日，S市A区公安分局甲派出所民警对黄某某等三人分别进行询问。对黄某某进行询问时，其父亲（法定代理人）在场，但现场询问的民警仅有一人。民警依法制作了行政处罚告知笔录，同时告知了黄某某有陈述、申辩、听证的权利，黄某某在笔录上签名。同日，A区公安分局作出行政处罚决定书，对黄某某行政拘留三日（不执行）。2018年10月31日，黄某某向S市人民政府申请行政复议。S市人民政府作出行政复议决定，维持A区公安分局行政处罚决定书。黄某某仍不服，提起行政诉讼。

《中华人民共和国治安管理处罚法》第十二条、第二十一条第一款第一项、第八十四条第三款规定，均系《中华人民共和国治安管理处罚法》为保障未成年人合法权益而作出的特别规定。本案中，违法行为人黄某某未满十六周岁，公安机关在作出行政处罚决定时，严格执行上述法律规定，一是行政拘留期限在法定处罚幅度以下，即减轻了处罚；二是明确了不执行行政拘留；三是公安机关在进行询问时通知其父亲到场。通过规范执法行为，公安机关保障了黄某某作为未成年人的各项权利，也较好地体现了教育与处罚相结合的办案原则。人民法院在审理本案时，不仅对公安机关的上述做法予以认可，还对执法程序进行全面审查，指出了其在询问时仅有一名民警的程序瑕疵，并据此确认行政处罚决定违法。本案对于充分保障未成年人在治安管理处罚中的程序及实体权利具有较强指导意义。

[①] 《2022年湖北省高级人民法院少年审判工作新闻发布会典型案例》，载湖北省高级人民法院网站，http://www.hbfy.gov.cn/DocManage/ViewDoc?docId=05563956-0630-4c7c-a7de-81360ac0aa83，2025年6月19日访问。

第十三条 【精神病人、智力残疾人违反治安管理的处罚】

旧（修订前）	新（修订后）
第十三条　精神病人在不能辨认或者不能控制自己行为的时候违反治安管理的，不予处罚，但是应当责令其监护人严加看管和治疗。间歇性的精神病人在精神正常的时候违反治安管理的，应当给予处罚。	第十三条　精神病人、智力残疾人在不能辨认或者不能控制自己行为的时候违反治安管理的，不予处罚，但是应当责令其监护人加强看护管理和治疗。间歇性的精神病人在精神正常的时候违反治安管理的，应当给予处罚。尚未完全丧失辨认或者控制自己行为能力的精神病人、智力残疾人违反治安管理的，应当给予处罚，但是可以从轻或者减轻处罚。

◆思维导图

精神病人、智力残疾人违反治安管理的处罚
- 精神病人、智力残疾人在不能辨认或者不能控制自己行为的时候违反治安管理的，不予处罚，但是应当责令其监护人加强看护管理和治疗
- 间歇性的精神病人在精神正常的时候违反治管理的，应当给予处罚
- 尚未完全丧失辨认或者控制自己行为能力的精神病人、智力残疾人违反治安管理的，应当给予处罚，但是可以从轻或者减轻处罚

要点注释

　　间歇性精神病人在精神正常的情况下，头脑是清醒的，具有辨认或者控制自己行为的能力，在发病的时候，就丧失了辨认是非和控制自己行为的能力，即其精神病是处于间断性发作的状态。基于精神病人的这一特点，本条对其处罚作了特别的规定，即

当精神病人在不能辨认或者不能控制自己行为的时候违反治安管理的，不予处罚，在精神正常的时候违反治安管理的，应当给予处罚。

拓展适用

《公安机关办理行政案件程序规定》
第 158 条

案例精析

1. 王某绑架、强制猥亵案

案号：（2020）浙 0481 刑初 125 号
来源：人民法院案例库 2024-02-1-187-001

裁判要点

被告人为精神病人的，其刑事责任能力的认定，要结合被告人的既往病史、法医精神病鉴定意见、案发时被告人的作案目的、动机、方式以及作案过程、作案前后表现等具体情况判断。被告人被法医精神病鉴定意见认定为限定刑事责任能力的，应当根据被告人实施危害行为时辨认能力或控制能力减弱的程度，综合考虑犯罪的事实、性质、情节、后果以及被告人的主观恶性和人身危险性等，结合所有法定、酌定量刑情节，决定是否予以从宽处罚以及从宽处罚的幅度。

2. 吴某故意杀人案

案号：（2021）豫刑核 99384588 号
来源：人民法院案例库 2024-02-1-177-003

裁判要点

对于被告人作案动机异常、回答问题或者精神状态存疑的，人民法院要重点对被告人的刑事责任能力进行审查，查明有无因精神障碍影响刑事责任能力的可能。对于审前未作司法精神病鉴定，人民法院经审查认为有鉴定必要的，即便被告人及其近亲属未提出司法精神病鉴定申请，也应当依职权启动鉴定程序。具体操作之中，既可以自行委托鉴定，也可以视情通知人民检察院补充鉴定，以准确认定被告人作案时的刑事责任能力，确保案件依法准确处理。

第十四条　【盲人、聋哑人违反治安管理的处罚】

旧（修订前）	新（修订后）
第十四条　盲人或者又聋又哑的人违反治安管理的，可以从轻、减轻或者不予处罚。	第十四条　盲人或者又聋又哑的人违反治安管理的，可以从轻、减轻或者不予处罚。

思维导图

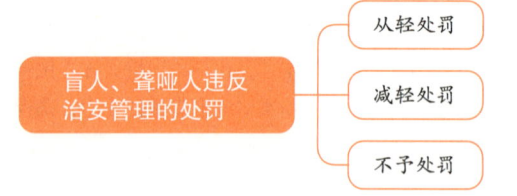

盲人、聋哑人违反治安管理的处罚
- 从轻处罚
- 减轻处罚
- 不予处罚

要点注释

本条是关于盲人和又聋又哑的人违反治安管理的处罚的规定。《中华人民共和国刑法》第十九条规定了相应的刑事责任。本条在适用的时候，需要注意：首先，由于盲人、又聋又哑的人本身精神是健全的，并不会因自身残疾而完全丧失分辨是非和控制行为的能力，所以当其违反治安管理行为，给社会造成危害时，应当承担相应的法律责任。其次，这类特殊人群由于具有明显的生理缺陷，接受教育、了解事物等方面都受到一定的限制和影响，其辨认事物和控制行为的能力可能会受到生理缺陷的影响，故可以对其从轻、减轻或不予处罚，注意这里是"可以"而非"应当"。最后，此处的"不予处罚"，主要是指盲人或者又聋又哑的人因生理原因违反治安管理的，可以不予处罚。

拓展适用

《公安机关执行〈中华人民共和国治安管理处罚法〉有关问题的解释（二）》
第 4 条

案例精析

吉某与某市某区人民政府、某市某区公安局行政处罚案

案号：（2023）渝 0152 行初 32 号

来源：中国裁判文书网

裁判要点

我国法律建立对未成年人、妇女、老年人、残疾人等弱势群体的权益保护机制，在立法上对处于社会弱势地位的人群的权益保障予以适当倾斜，目的是实现"公民在法律面前一律平等"的宪法原则，同时充分展现了中华民族的传统美德。但是，弱势群体的身份不是从事违法行为的"通行证"，亦不是违法行为应受到处罚的"挡箭牌"。原告认为，自己是女人应当在本案行政处罚中予以特殊照顾，减轻或从轻处罚的观点，不仅不符合社会主义核心价值观，亦无相关法律依据，故本院不予支持。此外，《中华人民共和国治安管理处罚法》第十三条、第十四条分别对精神病人、盲人或者又聋又哑的人违反治安管理的，规定了相应可从轻、减轻或者不予处罚情形，但本案原告属于肢体残疾不在上述规定范围内，不应适用上述规定。

第十五条　【醉酒的人违反治安管理的处罚】

旧（修订前）	新（修订后）
第十五条　醉酒的人违反治安管理的，应当给予处罚。 　　醉酒的人在醉酒状态中，对本人有危险或者对他人的人身、财产或者公共安全有威胁的，应当对其采取保护性措施约束至酒醒。	**第十五条**　醉酒的人违反治安管理的，应当给予处罚。 　　醉酒的人在醉酒状态中，对本人有危险或者对他人的人身、财产或者公共安全有威胁的，应当对其采取保护性措施约束至酒醒。

思维导图

- 醉酒的人违反治安管理的处罚
  - 应当给予处罚
  - 对本人有危险或者对他人的人身、财产或者公共安全有威胁的，应当对其采取保护性措施约束至酒醒

拓展适用

《公安机关办理行政案件程序规定》第 58 条

案例精析

方某某、某市公安局行政拘留案

案号：（2023）苏 12 行终 143 号
来源：中国裁判文书网

裁判要点

2022 年 8 月 30 日 23 时许，在某医院急诊室，上诉人酒后以拉扯、辱骂等方式阻碍人民警察依法执行职务，并抓伤民警、辅警的该行为发生在医院的公共区域，其行为不仅影响了人民医院正常的工作秩序，还严重影响了警务人员的执法。据此，某市公安局认定方某某妨碍人民警察执行职务，属于情节严重并无不当。事实清楚，证据确实、充分被上诉人根据《中华人民共和国治安管理处罚法》第十五条、第五十条的规定，对其处以七日的行政拘留，符合法律规定，且量罚适当，法院予以支持。

第十六条 【数种违法行为的并罚】

旧（修订前）	新（修订后）
第十六条 有两种以上违反治安管理行为的，分别决定，合并执行。行政拘留处罚合并执行的，最长不超过二十日。	**第十六条** 有两种以上违反治安管理行为的，分别决定，合并执行处罚。行政拘留处罚合并执行的，最长不超过二十日。

要点注释

关于计算治安拘留的时间。根据本法相关规定，行政拘留的时间是一日以上十五日以下，行政拘留处罚合并执行的，最长不超过二十日。从中可以看出，行政拘留的期限是以"日"为单位的，而不是以"时"为单位，所以执行行政拘留的时间也应当以"日"为单位计算。本法对于"行政拘留开始日是否计算在内"没有明确的规定，但是根据一般的计算方法，被决定行政拘留的人入所当日不计算在内，出所当日计算在内。

拓展适用

《公安机关办理行政案件程序规定》
第 161 条

案例精析

杨某与某市公安局行政拘留案

案号：（2024）黑 03 行终 42 号
来源：中国裁判文书网

裁判要点

原告杨某在某镇人民政府对其信访事项作出答复后，未在规定期限内向某市人民政府提出复查申请，而后多次通过网络及走访的形式向国家信访局、黑龙江省信访局反映同一信访事项，不符合上述法律法规的规定，被告某市公安局根据《中华人民共和国治安管理处罚法》第二十三条第一款第一项之规定，对杨某处以行政拘留十日，杨某于 2023 年 9 月 25 日因殴打他人被行政拘留 5 日，根据《中华人民共和国治安管理处罚法》第十六条规定，某市公安局决定合并执行拘留十五日，事实清楚，程序合法，适用法律正确。

第十七条 【共同违反治安管理和教唆、胁迫、诱骗他人违反治安管理的处罚】

旧（修订前）	新（修订后）
第十七条　共同违反治安管理的，根据违反治安管理行为人在违反治安管理行为中所起的作用，分别处罚。 教唆、胁迫、诱骗他人违反治安管理的，按照其教唆、胁迫、诱骗的行为处罚。	第十七条　共同违反治安管理的，根据行为人在违反治安管理行为中所起的作用，分别处罚。 教唆、胁迫、诱骗他人违反治安管理的，按照其教唆、胁迫、诱骗的行为处罚。

思维导图

共同违反治安管理和教唆、胁迫、诱骗他人违反治安管理的处罚
- 共同违反治安管理的，根据行为人在违反治安管理行为中所起的作用，分别处罚
- 教唆、胁迫、诱骗他人违反治安管理的，按照其教唆、胁迫、诱骗的行为处罚

裁判要点

1. 恶势力集团犯罪中，犯罪分子参与违法犯罪活动较少，但知道或者应当知道与他人经常纠集系共同实施违法犯罪，仍按照纠集者的组织、策划、指挥参与的，应当认定为恶势力犯罪集团成员。

2. 由恶势力犯罪集团部分成员实施的违法犯罪，首要分子事后赔偿对方损失、安排人员报复对方或者安排己方人员道歉的，应当认定为犯罪集团实施的违法犯罪行为，首要分子应当依法承担责任。

3. 为斗殴实施了聚众行为，因对方未赴约没有实际实施斗殴行为的，属于聚众斗殴未遂。

案例精析

刘某、胡某等聚众斗殴案

案号：（2019）川1424刑初91号

来源：人民法院案例库 2024-04-1-268-001

第十八条 【单位违反治安管理的处罚】

旧（修订前）	新（修订后）
第十八条 单位违反治安管理的，对其直接负责的主管人员和其他直接责任人员依照本法的规定处罚。其他法律、行政法规对同一行为规定给予单位处罚的，依照其规定处罚。	第十八条 单位违反治安管理的，对其直接负责的主管人员和其他直接责任人员依照本法的规定处罚。其他法律、行政法规对同一行为规定给予单位处罚的，依照其规定处罚。

是指公司、企业、事业单位、机关、团体实施了依法应当给予治安管理处罚的危害社会的行为。关于"单位"的范围，应当与《中华人民共和国刑法》的规定相一致，即单位包括：公司、企业、事业单位、机关、团体，因为本法是与刑法相互衔接的一部法。单位违反治安管理是在单位意志的支配下，由单位成员实施违法行为，单位只是一个拟制人，但是一个独立的主体。

思维导图

单位违反治安管理的处罚
- 对其直接负责的主管人员和其他直接责任人员依照本法的规定处罚
- 其他法律、行政法规对同一行为规定给予单位处罚的，依照其规定处罚

要点注释

关于单位违反治安管理的处罚，采取对自然人处罚为主，对单位处罚为辅的原则（双罚制），即主要针对直接负责的主管人员和其他直接责任人员进行处罚，如果有其他法律、行政法规对同一行为规定了给予单位处罚的，则依照相关法律、行政法规的规定，即原则上对单位不予处罚，只有当法律、行政法规规定对单位给予处罚时，才对单位进行处罚。单位违反治安管理，其他法律、行政法规对同一行为没有规定给予单位处罚的，不对单位予以处罚，但应当依照《中华人民共和国治安管理处罚法》的规定，对其直接负责的主管人员和其他直接责任人员予以处罚。

第十九条 【为免受不法侵害而采取的制止行为】

第十九条 为了免受正在进行的不法侵害而采取的制止行为,造成损害的,不属于违反治安管理行为,不受处罚;制止行为明显超过必要限度,造成较大损害的,依法给予处罚,但是应当减轻处罚;情节较轻的,不予处罚。

《公安机关执行〈中华人民共和国治安管理处罚法〉有关问题的解释(二)》第四条规定,违反治安管理行为人具有《中华人民共和国治安管理处罚法》第十二条、第十四条、第十九条减轻处罚情节的,按下列规定适用:(1)法定处罚种类只有一种,在该法定处罚种类的幅度以下减轻处罚;(2)法定处罚种类只有一种,在该法定处罚种类的幅度以下无法再减轻处罚的,不予处罚;(3)规定拘留并处罚款的,在法定处罚幅度以下单独或者同时减轻拘留和罚款,或者在法定处罚幅度内单处拘留;(4)规定拘留可以并处罚款的,在拘留的法定处罚幅度以下减轻处罚;在拘留的法定处罚幅度以下无法再减轻处罚的,不予处罚。

◇ 思维导图

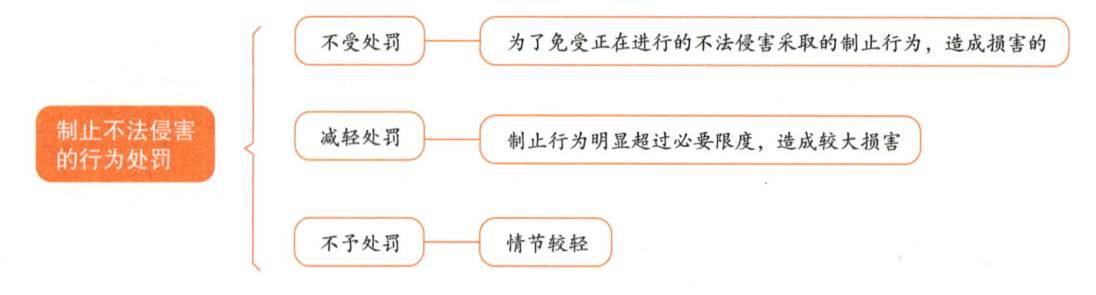

制止不法侵害的行为处罚
- 不受处罚 —— 为了免受正在进行的不法侵害采取的制止行为,造成损害的
- 减轻处罚 —— 制止行为明显超过必要限度,造成较大损害
- 不予处罚 —— 情节较轻

第二十条 【从轻、减轻或者不予处罚的情形】

旧（修订前）	新（修订后）
第十九条　违反治安管理有下列情形之一的，减轻处罚或者不予处罚： （一）情节特别轻微的； （二）主动消除或者减轻违法后果，并取得被侵害人谅解的； （三）出于他人胁迫或者诱骗的； （四）主动投案，向公安机关如实陈述自己的违法行为的； （五）有立功表现的。	第二十条　违反治安管理有下列情形之一的，从轻、减轻或者不予处罚： （一）情节轻微的； （二）主动消除或者减轻违法后果的； （三）取得被侵害人谅解的； （四）出于他人胁迫或者诱骗的； （五）主动投案，向公安机关如实陈述自己的违法行为的； （六）有立功表现的。

案例精析

任某诉某市公安局某分局治安行政处罚案

案号：（2022）赣71行终447号

来源：人民法院案例库 2024-12-3-001-011

裁判要点

法院生效判决认为，根据《中华人民共和国治安管理处罚法》第十九条第一项规定，违反治安管理情节特别轻微的，减轻处罚或者不予处罚。对"情节特别轻微"的判断，应当从违法行为人违反治安管理行为年龄、身份，对违反治安管理行为所持态度，违反治安管理的目的、动机，采用的手段，造成的后果，认错的态度，改正的情况，造成的影响等方面进行综合考量。本案综合考虑刘某与任某在事发时均年满六十周岁，纠纷起因系邻里纠纷引发，在本案过程中刘某主动配合调查，如实陈述违法行为，且致伤原因系二人推搡过程中造成，刘某违法行为属情节特别轻微。因本案事实也符合《中华人民共和国治安管理处罚法》第四十三条第二款规定的殴打、伤害六十周岁以上的人的违法情节较重情形，本该处以十日以上十五日以下拘留，并处五百元以上一千元以下罚款。故，某市公安局某分局对刘某减轻处罚，处五日拘留符合规定。

第二十一条 【认错认罚从宽处理】

第二十一条 违反治安管理行为人自愿向公安机关如实陈述自己的违法行为，承认违法事实，愿意接受处罚的，可以依法从宽处理。

思维导图

从宽处理的情形
- 自愿向公安机关如实陈述自己的违法行为
- 承认违法事实
- 愿意接受处罚

案例精析

前某等人非法吸收公众存款案

案号：（2019）京03刑终534号

来源：人民法院案例库 2023-04-1-113-002

裁判要点

1.认罪认罚表现可存在于侦查、审查起诉、审判各诉讼阶段，"同意量刑建议，签署认罪认罚具结书"只是认罚的表现形式之一，而非认罚的唯一根据。未签署认罪认罚具结书，仅意味着未适用认罪认罚从宽制度，并不影响对认罚的认定。被告人表示愿意接受处罚，或明确表示同意检察院量刑建议，仍可以基于对法院最终量刑结果有异议而提出上诉。

2.对于未适用认罪认罚从宽制度，在庭审过程中表示认罪认罚且确有认罪认罚表现的被告人，我国刑事诉讼法没有强制规定人民法院必须征求检察机关的意见、建议检察机关提出量刑建议、中止或转换庭审程序，法院可以适用普通程序审理案件，不要求按照认罪认罚从宽制度的有关规定组织庭审活动。

3.《中华人民共和国刑事诉讼法》第十五条系坦白从宽刑事政策在刑事诉讼法总则中的原则性规定，是程序法层面对坦白从宽政策的制度化和深化发展，体现对认罪认罚犯罪嫌疑人、被告人可以从宽处理的精神。从宽处理应从实体和程序两个维度理解，即实体从宽、程序从简，且程序从简不是获得实体从宽的前提。在犯罪嫌疑人、被告人确有认罪认罚表现，但又因欠缺形式要件而未能启动程序从简的处理模式时，法院可以依据《中华人民共和国刑事诉讼法》第十五条的精神对其适当从宽处罚，同时因程序层面未能节省司法资源，对该类被告人的从宽幅度一般要小于适用认罪认罚从宽制度的被告人。

第二十二条 【从重处罚的情形】

旧（修订前）	新（修订后）
第二十条　违反治安管理有下列情形之一的，从重处罚： （一）有较严重后果的； （二）教唆、胁迫、诱骗他人违反治安管理的； （三）对报案人、控告人、举报人、证人打击报复的； （四）六个月内曾受过治安管理处罚的。	第二十二条　违反治安管理有下列情形之一的，从重处罚： （一）有较严重后果的； （二）教唆、胁迫、诱骗他人违反治安管理的； （三）对报案人、控告人、举报人、证人打击报复的； （四）一年以内曾受过治安管理处罚的。

拓展适用

《公安机关办理行政案件程序规定》
　　第 160 条

案例精析

刘某与某市公安局某分局行政案

案号：（2024）京 02 行终 1359 号
来源：中国裁判文书网

裁判要点

根据某市公安局某分局提交的勘验笔录、现场图、现场照片和视频、证据保全清单中的信访材料、对刘某的询问笔录等在案证据，某市公安局某分局在被诉处罚决定中认定刘某存在到某区政府正门处上访反映问题并长时间滞留的行为，认定事实清楚，证据确凿。对于是否扰乱公共场所秩序的问题，需要结合刘某的滞留地点、滞留的主观目的、造成的影响等情节来综合认定，本案中，刘某在非信访接待场所反映其信访诉求，在民警告知其到信访办反映问题后仍滞留现场，其行为引发路人围观并影响到某区政府工作区域车辆出入。某市公安局某分局根据上述证据材料，结合刘某在六个月内曾受过治安管理处罚的情形，认定刘某的行为符合《中华人民共和国治安管理处罚法》第二十三条第一款第二项，并按照《中华人民共和国治安管理处罚法》第二十条第一款第四项从重处罚，给予刘某七日拘留处罚，适用法律正确，量罚恰当。

第二十三条 【不执行行政拘留处罚的情形与例外】

旧（修订前）	新（修订后）
第二十一条 违反治安管理行为人有下列情形之一，依照本法应当给予行政拘留处罚的，不执行行政拘留处罚： （一）已满十四周岁不满十六周岁的； （二）已满十六周岁不满十八周岁，初次违反治安管理的； （三）七十周岁以上的； （四）怀孕或者哺乳自己不满一周岁婴儿的。	第二十三条 违反治安管理行为人有下列情形之一，依照本法应当给予行政拘留处罚的，不执行行政拘留处罚： （一）已满十四周岁不满十六周岁的； （二）已满十六周岁不满十八周岁，初次违反治安管理的； （三）七十周岁以上的； （四）怀孕或者哺乳自己不满一周岁婴儿的。 前款第一项、第二项、第三项规定的行为人违反治安管理情节严重、影响恶劣的，或者第一项、第三项规定的行为人在一年以内二次以上违反治安管理的，不受前款规定的限制。

拓展适用

《公安机关执行〈中华人民共和国治安管理处罚法〉有关问题的解释（二）》
第5条

第二十四条　【未成年人矫治教育等措施】

第二十四条　对依照本法第十二条规定不予处罚或者依照本法第二十三条规定不执行行政拘留处罚的未成年人，公安机关依照《中华人民共和国预防未成年人犯罪法》的规定采取相应矫治教育等措施。

拓展适用

《中华人民共和国预防未成年人犯罪法》
第 31 条、第 32 条

案例精析

未成年戒毒人员刘某的教育矫治案例

来源：司法行政（法律服务）案例库[①]

案例思考

（1）心理干预要细致入微。未成年人心理状态复杂易变，刘某又身在强制隔离场所这一特殊环境中，需要对其做好心理调适。这就要求戒毒民警不仅要关注日常行为表现，还要敏锐地捕捉其情绪波动，及时干预，逐步消除其恐惧情绪，建立信任关系，引导他们树立理性平和、积极向上的心态。此外，针对个性差异，如自闭等特质，应采取更加温和耐心的沟通方式，促进其情感表达，提高其社会功能。

（2）教育矫正要全面深入。针对未成年戒毒人员存在的知识盲区，教育矫正需要覆盖法律常识、毒品危害、社会责任等内容。教育方式要多样化，采用如理论教学、实例分享、互动讨论等方式，帮助他们认识到毒品的危害，提升其自我保护与社会适应能力，形成保护性价值观。

（3）亲情帮教要运用得当。家庭在戒毒过程中扮演着不可或缺的角色。对于未成年戒毒人员，亲情帮教如果运用得当，能够发挥很好的正面激励作用。通过亲情会见、亲情电话、书信往来等方式，开展亲情帮教，发挥亲情的力量，可以有效帮助未成年戒毒人员缓解、消除孤独感和焦虑感，激发戒毒动机，坚定戒毒信心。

[①]　《未成年戒毒人员刘某的教育矫治案例》，载司法行政（法律服务）案例库网站，https://alk.12348.gov.cn/Detail?dbID=25&dbName=JDJZ&sysID=9946，2025 年 6 月 27 日访问。

第二十五条 【追究时效】

旧（修订前）	新（修订后）
第二十二条　违反治安管理行为在六个月内没有被公安机关发现的，不再处罚。 前款规定的期限，从违反治安管理行为发生之日起计算；违反治安管理行为有连续或者继续状态的，从行为终了之日起计算。	第二十五条　违反治安管理行为在六个月以内没有被公安机关发现的，不再处罚。 前款规定的期限，从违反治安管理行为发生之日起计算；违反治安管理行为有连续或者继续状态的，从行为终了之日起计算。

思维导图

追究时效
- 行为发生之日起六个月内没有被公安机关发现的，不再处罚
- 行为有连续或者继续状态的，从行为终了之日起计算

拓展适用

《公安机关办理行政案件程序规定》
第154条

要点注释

《公安机关办理行政案件程序规定》第一百五十四条规定，违反治安管理行为在六个月内没有被公安机关发现，其他违法行为在二年内没有被公安机关发现的，不再给予行政处罚。前款规定的期限，从违法行为发生之日起计算，违法行为有连续、继续或者持续状态的，从行为终了之日起计算。被侵害人在违法行为追究时效内向公安机关控告，公安机关应当受理而不受理的，不受本条第一款追究时效的限制。因此，违反治安管理行为的被侵害人在追究时效内向公安机关提出控告，公安机关应受理而不受理的，违反治安管理的追究时效应当终止，即违反治安管理行为人要受到永久性的、无期限的追究。因为，违反治安管理行为的被侵害人在追究时效内向公安机关提出控告，表明该行为已经被公安机关发现。

第三章 违反治安管理的行为和处罚

第一节　扰乱公共秩序的行为和处罚

第二十六条　【扰乱单位、公共场所、公共交通工具、选举等秩序】

旧（修订前）	新（修订后）
第二十三条　有下列行为之一的，处警告或者二百元以下罚款；情节较重的，处五日以上十日以下拘留，可以并处五百元以下罚款： （一）扰乱机关、团体、企业、事业单位秩序，致使工作、生产、营业、医疗、教学、科研不能正常进行，尚未造成严重损失的； （二）扰乱车站、港口、码头、机场、商场、公园、展览馆或者其他公共场所秩序的； （三）扰乱公共汽车、电车、火车、船舶、航空器或者其他公共交通工具上的秩序的； （四）非法拦截或者强登、扒乘机动车、船舶、航空器以及其他交通工具，影响交通工具正常行驶的； （五）破坏依法进行的选举秩序的。 聚众实施前款行为的，对首要分子处十日以上十五日以下拘留，可以并处一千元以下罚款。	第二十六条　有下列行为之一的，处警告或者五百元以下罚款；情节较重的，处五日以上十日以下拘留，可以并处一千元以下罚款： （一）扰乱机关、团体、企业、事业单位秩序，致使工作、生产、营业、医疗、教学、科研不能正常进行，尚未造成严重损失的； （二）扰乱车站、港口、码头、机场、商场、公园、展览馆或者其他公共场所秩序的； （三）扰乱公共汽车、电车、城市轨道交通车辆、火车、船舶、航空器或者其他公共交通工具上的秩序的； （四）非法拦截或者强登、扒乘机动车、船舶、航空器以及其他交通工具，影响交通工具正常行驶的； （五）破坏依法进行的选举秩序的。 聚众实施前款行为的，对首要分子处十日以上十五日以下拘留，可以并处二千元以下罚款。

拓展适用

《中华人民共和国刑法》

第 256 条、第 290 条、第 291 条

《中华人民共和国全国人民代表大会和地方各级人民代表大会选举法》

《公安机关执行〈中华人民共和国治安管理处罚法〉有关问题的解释（二）》

第 6 条

《违反公安行政管理行为的名称及其适用意见》

第 24 条至第 33 条

案例精析

熊某与某市公安局治安处罚案

案号：（2020）鄂 02 行终 164 号

来源：中国裁判文书网

裁判要点

部分村民以征地未经他们同意为由，阻止当地工地施工。熊某路过发现后，也进入工地，和村民一起阻止施工。施工方某房地产开发有限公司报警后，某市公安局某派出所民警到现场处置。经劝离无效，某市公安局某派出所民警将熊某及部分村民依法传唤到某派出所。依照法定程序，某市公安局经调查，认为熊某阻止工程正常施工，扰乱单位秩序，依照《中华人民共和国治安管理处罚法》第二十三条第一款第一项之规定，作出《行政处罚决定书》，对熊某行政拘留十日（已执行）。熊某不服，向某市人民政府提起行政复议，要求撤销某市公安局的行政处罚。

本案被诉行政行为为某市公安局作出《行政处罚决定书》的行为。某市公安局认定：熊某、熊某 1 等人于 2019 年 11 月 14 日 8 时许，以施工工地征地手续未经其同意为由，阻挠工地正常施工。根据《中华人民共和国治安管理处罚法》第二十三条第一款第一项之规定，决定对熊某处以行政拘留十日的处罚。以上事实，有某市公安局在一审中提供的受案登记表、对熊某的询问笔录、证人证言、行政处罚告知笔录等证据予以证明，熊某在询问笔录中对上述违法事实也予以承认。据此，某市公安局认定熊某实施了扰乱单位经营秩序的违法行为，证据确实充分。熊某因土地纠纷采取非法阻挠施工单位正常施工的行为，影响了企业的正常生产经营秩序，某市公安局依据《中华人民共和国治安管理处罚法》第二十三条第一款第一项的规定，对熊某处以治安拘留十日的处罚，适用法律正确，处罚幅度适当。

第二十七条 【扰乱国家考试秩序】

第二十七条 在法律、行政法规规定的国家考试中，有下列行为之一，扰乱考试秩序的，处违法所得一倍以上五倍以下罚款，没有违法所得或者违法所得不足一千元的，处一千元以上三千元以下罚款；情节较重的，处五日以上十五日以下拘留：

（一）组织作弊的；

（二）为他人组织作弊提供作弊器材或者其他帮助的；

（三）为实施考试作弊行为，向他人非法出售、提供考试试题、答案的；

（四）代替他人或者让他人代替自己参加考试的。

思维导图

扰乱国家考试秩序的行为
- 组织作弊
- 为他人组织作弊提供作弊器材或者其他帮助
- 为实施考试作弊行为，向他人非法出售或者提供考试试题、答案
- 代替他人或者让他人代替自己参加考试

案例精析

1. 刘某、王某等组织考试作弊、代替考试案

案号：（2021）津 01 刑终 591 号
来源：人民法院案例库 2023-03-1-248-001

裁判要点

1. 组织考试作弊中让他人代替自己考试的行为不应被组织行为吸收。这是因为在组织考试作弊过程中，让他人代替自己考试的行为，是行为人出于不同的犯罪目的，在不同的主观故意下实施的不同犯罪行为。对于行为人来说，主观上除意图通过组织行为获得经济利益外，还希望通过找人替考使自己获得受教育的利益，二者在所获利益方面存在区别，应该分别评价，数罪并罚。

2. 家长为自己孩子寻找"枪手"代替考试的，构成代替考试罪。实践中，有家长作为居间方为自己的孩子寻找"枪手"代替考试，居间活动的方式包括介绍、沟通应考者与替考者双方的关系，参与传递、拟定谈判条件，甚至帮助报名、采集信息、现场确认等。在此种情形下，对家长行为性质的认定，应着重审查家长在共同犯罪中的作用。

2. 武某俊诉云南某大学行政处罚案

案号：（2020）云 01 行终 12 号
来源：人民法院案例库 2024-12-3-001-024

裁判要点

对教育部《普通高等学校学生管理规定》第五十二条第四项规定的"使用通讯设备作弊"，应理解为"使用通讯设备的通讯功能作弊"，方才符合教育部规章条款的立法原意与目的。高校对学生使用通讯设备作弊的认定，应关注有两人以上参与、主体之间存在信息交互、共谋性、群体性乃至组织性等特征。对于单一主体将考试资料存储在手机上，带入考场偷看的行为，其性质与携带含有考试相关内容的书本、纸条等类似，不应认定为使用通讯设备作弊，不应处以开除学籍的最严厉处分。

第二十八条 【扰乱大型群众性活动秩序】

旧（修订前）	新（修订后）
第二十四条　有下列行为之一，扰乱文化、体育等大型群众性活动秩序的，处警告或者二百元以下罚款；情节严重的，处五日以上十日以下拘留，可以并处五百元以下罚款： （一）强行进入场内的； （二）违反规定，在场内燃放烟花爆竹或者其他物品的； （三）展示侮辱性标语、条幅等物品的； （四）围攻裁判员、运动员或者其他工作人员的； （五）向场内投掷杂物，不听制止的； （六）扰乱大型群众性活动秩序的其他行为。 因扰乱体育比赛秩序被处以拘留处罚的，可以同时责令其十二个月内不得进入体育场馆观看同类比赛；违反规定进入体育场馆的，强行带离现场。	第二十八条　有下列行为之一，扰乱体育、文化等大型群众性活动秩序的，处警告或者五百元以下罚款；情节严重的，处五日以上十日以下拘留，可以并处一千元以下罚款： （一）强行进入场内的； （二）违反规定，在场内燃放烟花爆竹或者其他物品的； （三）展示侮辱性标语、条幅等物品的； （四）围攻裁判员、运动员或者其他工作人员的； （五）向场内投掷杂物，不听制止的； （六）扰乱大型群众性活动秩序的其他行为。 因扰乱体育比赛、文艺演出活动秩序被处以拘留处罚的，可以同时责令其六个月至一年以内不得进入体育场馆、演出场馆观看同类比赛、演出；违反规定进入体育场馆、演出场馆的，强行带离现场，可以处五日以下拘留或者一千元以下罚款。

要点注释

大型群众性活动的举行需要有一个良好的秩序的保障。大型群众性活动的主办方会设定一些条件，确定其与参与者之间的权利义务，以及入场的凭证等。此外，为了保证活动的顺利进行，对于活动的主要参加者，如运动员、裁判员和其他工作人员，应当保证他们的人身和财产安全。因此，本条第一款规定了应当给予罚款、拘留行政处罚的扰乱大型群众性活动秩序行为的具体情形。这六项所列行为虽然形式各异,但都对大型群众性活动的秩序产生不良影响,干扰了活动的正常进行,甚至会导致更加严重的后果,造成人身伤害和财产损失,故应当予以禁止和处罚。第二款是针对因扰乱体育比赛秩序被处以拘留处罚的人所作的特别规定,即同时责令其六个月至一年以内不得进入体育场馆、演出场馆观看同类比赛、演出;违反规定进入体育场馆、演出场馆的,强行带离现场,可以处五日以下拘留或者一千元以下罚款。

拓展适用

《烟花爆竹安全管理条例》
第 3 条、第 5 条、第 28 条至第 35 条、第 42 条

《违反公安行政管理行为的名称及其适用意见》
第 34 条至第 39 条

《大型群众性活动安全管理条例》
第 9 条

案例精析

张某与某县公安局行政处罚案

案号:(2020)晋 08 行终 30 号
来源:中国裁判文书网

裁判要点

本案中,上诉人张某、第三人马某所在的某县某镇举行天地庙传统的祈福仪式活动,二人因在组织活动中发生口角,互相撕扯,上诉人张某致伤了第三人马某,属扰乱群众性活动秩序。依据《中华人民共和国治安管理处罚法》第二十四条第一款第六项规定,被上诉人某县公安局对上诉人张某作出行政拘留 10 日并处罚款 500 元的行政处罚,符合法律规定。

2. 蒋某诉某饮料销售公司、某科技公司、健康权、身体权案

案号:(2021)川 01 民终 1758 号
来源:中国裁判文书网

裁判要点

对某科技公司,参照《大型群众性活动安全管理条例》第五条规定,大型群众性活动的承办者(以下简称承办者)对其承办活动的安全负责,承办者的主要负责人为大型群众性活动的安全责任人,承办者对安全负责即包括安全保障义务,因此群众性活动的承办者可纳入民法典规定的群众性活动组织者范畴,某科技公司具体承办了定向赛整个活动,应作为组织者认定。对某饮料销售公司,群众性活动举办还包括决策、策划等环节,承办仅是将已经决定举办的群众性活动付诸实施,因此组织者的外延应当大于承办者。某饮料销售公司、某科技公司主张自己不是组织者的上诉理由均缺乏事实和法律依据,法院依法不予支持。

47

第二十九条 【以虚构事实、投放虚假危险物质，扬言危害公共安全方式扰乱公共秩序】

旧（修订前）	新（修订后）
第二十五条　有下列行为之一的，处五日以上十日以下拘留，可以并处五百元以下罚款；情节较轻的，处五日以下拘留或者五百元以下罚款： （一）散布谣言，谎报险情、疫情、警情或者以其他方法故意扰乱公共秩序的； （二）投放虚假的爆炸性、毒害性、放射性、腐蚀性物质或者传染病病原体等危险物质扰乱公共秩序的； （三）扬言实施放火、爆炸、投放危险物质扰乱公共秩序的。	第二十九条　有下列行为之一的，处五日以上十日以下拘留，可以并处一千元以下罚款；情节较轻的，处五日以下拘留或者一千元以下罚款： （一）故意散布谣言，谎报险情、疫情、灾情、警情或者以其他方法故意扰乱公共秩序的； （二）投放虚假的爆炸性、毒害性、放射性、腐蚀性物质或者传染病病原体等危险物质扰乱公共秩序的； （三）扬言实施放火、爆炸、投放危险物质等危害公共安全犯罪行为扰乱公共秩序的。

思维导图

- 扰乱公共秩序行为
  - 故意散布谣言，谎报险情、疫情、灾情、警情或者以其他方法故意扰乱公共秩序
  - 投放虚假的爆炸性、毒害性、放射性、腐蚀性物质或者传染病病原体等危险物质
  - 扬言实施放火、爆炸、投放危险物质等危害公共安全犯罪行为

> **拓展适用**
>
> 《中华人民共和国刑法》
> 第 291 条之一
> 《违反公安行政管理行为的名称及其适用意见》
> 第 40 条至第 42 条

案例精析

1. 公安机关依法查处曹某某频繁编造涉"胡某某失踪事件"网络谣言案

来源：公安部网络谣言打击整治专项行动 10 起典型案例之案例 1[①]

裁判要点

自 2022 年 11 月以来，曹某某为吸粉引流，在网络平台频繁发布"胡某某尸体是假的""胡某某家属被公安机关抓获"等谣言信息，累计点赞 6 万次、评论 1 万余条。联合工作专班通报调查情况后，曹某某仍然罔顾事实，持续编造传播相关谣言，并为博取关注携粉丝前往某中学旁开直播，扰乱社会公共秩序。公安机关依法调查，曹某某对违法犯罪事实供认不讳。目前，公安机关已对曹某某依法采取刑事拘留强制措施，对其造谣网络账号采取关停措施。

2. 公安机关依法查处郁某某编造"烧烤摊打架致一死一伤"网络谣言案

来源：公安部网络谣言打击整治专项行动 10 起典型案例之案例 3[②]

裁判要点

2023 年 5 月，郁某某为博取流量，在明知某市某广场露天烧烤摊邻桌之间发生纠纷，执勤民警现场及时调解处理，无人员受伤的情况下，仍在网络平台编造发布谣言信息，扰乱社会公共秩序。公安机关依法调查，郁某某对违法行为供认不讳。目前，公安机关依法对郁某某处以行政拘留的处罚，对其造谣网络账号采取关停措施。

[①] 《公安部公布网络谣言打击整治专项行动 10 起典型案例》，载中华人民共和国公安部网站，https://app.mps.gov.cn/gdnps/pc/content.jsp?id=9045590，2025 年 6 月 20 日访问。

[②] 《公安部公布网络谣言打击整治专项行动 10 起典型案例》，载中华人民共和国公安部网站，https://app.mps.gov.cn/gdnps/pc/content.jsp?id=9045590，2025 年 6 月 20 日访问。

第三十条 【寻衅滋事】

旧（修订前）	新（修订后）
第二十六条　有下列行为之一的，处五日以上十日以下拘留，可以并处五百元以下罚款；情节较重的，处十日以上十五日以下拘留，可以并处一千元以下罚款： （一）结伙斗殴的； （二）追逐、拦截他人的； （三）强拿硬要或者任意损毁、占用公私财物的； （四）其他寻衅滋事行为。	第三十条　有下列行为之一的，处五日以上十日以下拘留或者一千元以下罚款；情节较重的，处十日以上十五日以下拘留，可以并处二千元以下罚款： （一）结伙斗殴或者随意殴打他人的； （二）追逐、拦截他人的； （三）强拿硬要或者任意损毁、占用公私财物的； （四）其他无故侵扰他人、扰乱社会秩序的寻衅滋事行为。

思维导图

寻衅滋事行为
- 结伙斗殴或者随意殴打他人
- 追逐、拦截他人
- 强拿硬要或者任意损毁、占用公私财物
- 其他寻衅滋事行为

要点注释

关于寻衅滋事行为与寻衅滋事罪的区别。根据《中华人民共和国刑法》第二百九十三条的规定，寻衅滋事罪，是指随意殴打他人，追逐、拦截、辱骂、恐吓他人情节恶劣的，强拿硬要或者任意损毁、占用公私财物情节严重的，在公共场所起哄闹事，造成公共场所秩序严重混乱的行为。两者区别的关键在于情节是否恶劣。寻衅滋事行为的情节较轻，尚未造成严重后果；构成寻衅滋事罪必须是情节恶劣、后果严重，如多次殴打他人取乐，引起公愤；多次殴打他人致人轻伤等，结伙、持械追逐、拦截他人，追逐、拦截妇女造成恶劣影响或严重后果等。

> **拓展适用**
>
> 《中华人民共和国刑法》
> 第 293 条
> 《违反公安行政管理行为的名称及其适用意见》
> 第 43 条

案例精析

1. 邢某礼、鞠某智等寻衅滋事、故意毁坏财物案

案号：（2020）津 01 刑终 437 号
来源：人民法院案例库 2023-05-1-269-003

裁判要点

犯罪行为人系临时纠集，尚不具备恶势力的组织性要求和实质要求，犯罪行为在案件起因、犯罪动机及目的方面并非为了"形成非法影响，谋求强势地位"，且犯罪行为尚未达到"扰乱经济、社会生活秩序，造成较为恶劣的社会影响"等危害性要求的，不能认定构成恶势力犯罪。

2. 余某甲等寻衅滋事案

案号：（2020）赣 01 刑终 469 号
来源：人民法院案例库 2023-05-1-269-001

裁判要点

（1）仅作宣告式认罪表示不适用认罪认罚从宽制度。行为人既没有如实供述自己的罪行，也没有供述同案人的犯罪事实，其相关供述明显具有避重就轻、推卸责任、隐瞒事实的故意，对自己的犯罪行为没有实质性的认识，也没有悔罪认错表现的，其认罪属于宣告式的认罪表示，没有自愿性和真实性，不符合认罪认罚从宽处罚制度的相关要求，对行为人不适用认罪认罚从宽处罚制度。

（2）根据《最高人民法院、最高人民检察院、公安部、国家安全部、司法部关于适用认罪认罚从宽制度的指导意见》关于"认罪"的规定，"如实供述"是指对主要客观犯罪事实予以供述，所供述内容应足以查清全部案件事实。宣告式认罪表示是指行为人主观上虽然对所指控的犯罪事实表示认同，且认可检察机关的量刑建议，但是客观上缺乏有效供述，对自己的犯罪行为没有实质性的认识，缺乏自愿性与真实性，不符合认罪认罚从宽制度的"认罪"要求，因此不应适用认罪认罚从宽制度。

第三十一条 【邪教、会道门及相关非法活动】

旧（修订前）	新（修订后）
第二十七条 有下列行为之一的，处十日以上十五日以下拘留，可以并处一千元以下罚款；情节较轻的，处五日以上十日以下拘留，可以并处五百元以下罚款： （一）组织、教唆、胁迫、诱骗、煽动他人从事邪教、会道门活动或者利用邪教、会道门、迷信活动，扰乱社会秩序、损害他人身体健康的； （二）冒用宗教、气功名义进行扰乱社会秩序、损害他人身体健康活动的。	**第三十一条** 有下列行为之一的，处十日以上十五日以下拘留，可以并处二千元以下罚款；情节较轻的，处五日以上十日以下拘留，可以并处一千元以下罚款： （一）组织、教唆、胁迫、诱骗、煽动他人从事邪教活动、会道门活动、非法的宗教活动或者利用邪教组织、会道门、迷信活动，扰乱社会秩序、损害他人身体健康的； （二）冒用宗教、气功名义进行扰乱社会秩序、损害他人身体健康活动的； （三）制作、传播宣扬邪教、会道门内容的物品、信息、资料的。

拓展适用

《中华人民共和国刑法》
第 300 条

《违反公安行政管理行为的名称及其适用意见》
第 44 条至第 46 条

第三十二条 【扰乱无线电管理秩序】

旧（修订前）	新（修订后）
第二十八条 违反国家规定，故意干扰无线电业务正常进行的，或者对正常运行的无线电台（站）产生有害干扰，经有关主管部门指出后，拒不采取有效措施消除的，处五日以上十日以下拘留；情节严重的，处十日以上十五日以下拘留。	**第三十二条** 违反国家规定，有下列行为之一的，处五日以上十日以下拘留；情节严重的，处十日以上十五日以下拘留： （一）故意干扰无线电业务正常进行的； （二）对正常运行的无线电台（站）产生有害干扰，经有关主管部门指出后，拒不采取有效措施消除的； （三）未经批准设置无线电广播电台、通信基站等无线电台（站）的，或者非法使用、占用无线电频率，从事违法活动的。

> 是指行为人违反国家规定，故意干扰无线电业务的正常进行，或者对正常运行的无线电台（站）产生有害干扰，经有关主管部门指出后，拒不采取有效措施消除的行为。

思维导图

扰乱无线电管理秩序行为
- 故意干扰无线电业务正常进行
- 对正常运行的无线电台（站）产生有害干扰，经有关主管部门指出后，拒不采取有效措施消除
- 未经批准设置无线电广播电台、通信基站等无线电台（站）
- 非法使用、占用无线电频率，从事违法活动

要点注释

实践中，一般发生的各种干扰事件绝大多数是由于非法使用无线通信设备或者违规产品造成的，如擅自使用大功率的无绳电话、机动车擅自安装无线通信设施和设备、有线电视放大器、私设电台等行为。

拓展适用

《违反公安行政管理行为的名称及其适用意见》
第47条、第48条

第三十三条 【危害计算机信息系统安全】

旧（修订前）	新（修订后）
第二十九条 有下列行为之一的，处五日以下拘留；情节较重的，处五日以上十日以下拘留： （一）违反国家规定，侵入计算机信息系统，造成危害的； （二）违反国家规定，对计算机信息系统功能进行删除、修改、增加、干扰，造成计算机信息系统不能正常运行的； （三）违反国家规定，对计算机信息系统中存储、处理、传输的数据和应用程序进行删除、修改、增加的； （四）故意制作、传播计算机病毒等破坏性程序，影响计算机信息系统正常运行的。	**第三十三条** 有下列行为之一，造成危害的，处五日以下拘留；情节较重的，处五日以上十五日以下拘留： （一）违反国家规定，侵入计算机信息系统或者采用其他技术手段，获取计算机信息系统中存储、处理或者传输的数据，或者对计算机信息系统实施非法控制的； （二）违反国家规定，对计算机信息系统功能进行删除、修改、增加、干扰的； （三）违反国家规定，对计算机信息系统中存储、处理、传输的数据和应用程序进行删除、修改、增加的； （四）故意制作、传播计算机病毒等破坏性程序的； （五）提供专门用于侵入、非法控制计算机信息系统的程序、工具，或者明知他人实施侵入、非法控制计算机信息系统的违法犯罪行为而为其提供程序、工具的。

要点注释

　　非法侵入计算机信息系统的行为是指违反国家规定，侵入计算机信息系统，且造成一定损害后果的行为。破坏计算机信息系统的行为是指违反国家有关规定，对计算机信息系统功能或计算机信息系统中存储、处理或者传输的数据和应用程序进行破坏，使计算机信息系统不能正常运行，后果尚不严重的行为。目前，此种行为主要有破坏计算机信息系统功能的行为，破坏计算机信息系统数据和应用程序的行为，制作、传播计算机病毒的行为等。

> **拓展适用**
>
> 《中华人民共和国刑法》
>
> 第 285 条至第 286 条
>
> 《中华人民共和国计算机信息系统安全保护条例》
>
> 第 7 条、第 20 条、第 23 条、第 24 条、第 26 条
>
> 《互联网上网服务营业场所管理条例》
>
> 第 15 条
>
> 《计算机信息网络国际联网安全保护管理办法》
>
> 第 6 条、第 20 条
>
> 《违反公安行政管理行为的名称及其适用意见》
>
> 第 49 条至第 52 条

案例精析

李某、某市公安局某分局行政案

案号：（2023）鲁 13 行终 411 号

来源：中国裁判文书网

裁判要点

2021 年 12 月 17 日，李某在网络上通过购买非法解禁证书破解其无人机限高限飞禁区程序，并使用破解的无人机超限飞行。2022 年 7 月 13 日，某市公安局某分局对李某涉嫌非法改变计算机信息系统功能一案立案调查。依据《中华人民共和国治安管理处罚法》第二十九条第二项的规定，被告经调查后认定原告非法改变计算机信息系统功能的违法行为成立，于当日作出案涉行政处罚决定书。无人机限高是有其合理性的，一方面是为了保障飞行安全，避免无人机飞行过高与其他飞行器相撞，引发事故；另一方面是为了保护公民隐私，防止搭载摄像头的无人机拍摄、监视他人隐私生活。此外，无人机飞行超高可能会干扰城市无线电通信、雷达等设备的正常使用。因此，擅自强行解除无人机限高程序将对个人隐私、公共安全和利益造成侵害，涉嫌违法犯罪。另外，李某知晓无人机官网解禁需要"官网下载申请表，找相关机关单位盖章后，网上递交申请，等待批复后导入电子证书。"李某主张其购买解禁证书的网络店铺告知其属于"官方解禁""证书解禁"。但是，该网络店铺并未公示其具有"官方解禁""证书解禁"的权限证明，李某也没有向该网络店铺索要相关资质证明。李某根据网络店铺要求，下载有关软件，由网络店铺远程操控实施无人机解禁服务。对李某主张其对违法行为主观上不存在过错的主张，法院不予支持。

第三十四条 【组织、领导传销活动，胁迫、诱骗他人参加传销活动】

> **第三十四条** 组织、领导传销活动的，处十日以上十五日以下拘留；情节较轻的，处五日以上十日以下拘留。
> 胁迫、诱骗他人参加传销活动的，处五日以上十日以下拘留；情节较重的，处十日以上十五日以下拘留。

◆ 思维导图

- 组织、领导传销活动
  - 处十日以上十五日以下拘留
  - 情节较轻的，处五日以上十日以下拘留
- 胁迫、诱骗他人参加传销活动
  - 处五日以上十日以下拘留
  - 情节较重的，处十日以上十五日以下拘留

◆ 案例精析

陈某等人组织、领导传销活动案

案号：（2021）苏09刑终421号
来源：人民法院案例库 2023-03-1-168-001

裁判要点

1. 数行为人成立网络平台后，以平台提供虚拟货币增值服务为名，要求参与者购买一定数量的虚拟货币充值该平台获得加入资格，平台不具有行为人对外宣传的大部分盈利模式，主要从各层级参与人的投资中非法获利，参与者获得收益的结算方式为虚拟货币，收益主要取决于其下线人数及下线投资额，而非从虚拟货币的市场价涨跌获得收益的，应当认定为传销。

2. 关于组织、领导传销活动罪违法所得数额的认定。计算传销犯罪数额时，不应当扣除传销人员培训、会务等费用开支，而传销参与人投入的资金系传销犯罪所用财物，均应当计入犯罪数额。

3. 关于涉案虚拟货币的处置。以虚拟货币为对象的组织、领导传销活动罪中，被告人以外的投资者虽是被引诱加入平台，并充值购买虚拟货币获得入会资格，但投资者为获取更高的收益，按照平台的要求不断发展下线，让他人继续在平台充值购买虚拟货币的行为已经使得各投资者成为传销的参与者，只是因为其未达到刑事处罚标准，而未受到刑罚处罚。因此，传销平台被扣押的虚拟货币不作为被害人的财产予以返还。

第三十五条 【扰乱国家重要活动，亵渎英雄烈士，宣扬美化侵略战争或行为】

第三十五条 有下列行为之一的，处五日以上十日以下拘留或者一千元以上三千元以下罚款；情节较重的，处十日以上十五日以下拘留，可以并处五千元以下罚款：

（一）在国家举行庆祝、纪念、缅怀、公祭等重要活动的场所及周边管控区域，故意从事与活动主题和氛围相违背的行为，不听劝阻，造成不良社会影响的；

（二）在英雄烈士纪念设施保护范围内从事有损纪念英雄烈士环境和氛围的活动，不听劝阻的，或者侵占、破坏、污损英雄烈士纪念设施的；

（三）以侮辱、诽谤或者其他方式侵害英雄烈士的姓名、肖像、名誉、荣誉，损害社会公共利益的；

（四）亵渎、否定英雄烈士事迹和精神，或者制作、传播、散布宣扬、美化侵略战争、侵略行为的言论或者图片、音视频等物品，扰乱公共秩序的；

（五）在公共场所或者强制他人在公共场所穿着、佩戴宣扬、美化侵略战争、侵略行为的服饰、标志，不听劝阻，造成不良社会影响的。

案例精析

李某、吴某侵害英雄烈士荣誉民事公益诉讼案

案号：（2019）浙01民初1126号
来源：人民法院案例库 2023-07-2-467-003

裁判要点

烈士陵园作为向公众开放的英雄烈士纪念设施，供公众瞻仰、悼念英雄烈士，开展纪念教育活动，告慰先烈英灵。任何组织和个人不得在英雄烈士纪念设施保护范围内从事有损纪念英雄烈士环境和氛围的活动，否则将承担相应法律责任。本案的依法审理，对此类侵害英烈荣誉行为起到有效的教育、警示和震慑作用。本案审理过程中还邀请百余名学生到庭旁听，并通过中国庭审公开网进行全程直播，让庭审成为全民共享的法治公开课和爱国主义教育公开课，有助于引起社会公众警醒，推动在全社会真正形成尊重英雄、保护英雄的共识，进一步传承英烈精神。

第二节　妨害公共安全的行为和处罚

第三十六条　【非法从事与危险物质相关活动】

旧（修订前）	新（修订后）
第三十条　违反国家规定，制造、买卖、储存、运输、邮寄、携带、使用、提供、处置爆炸性、毒害性、放射性、腐蚀性物质或者传染病病原体等危险物质的，处十日以上十五日以下拘留；情节较轻的，处五日以上十日以下拘留。	第三十六条　违反国家规定，制造、买卖、储存、运输、邮寄、携带、使用、提供、处置爆炸性、毒害性、放射性、腐蚀性物质或者传染病病原体等危险物质的，处十日以上十五日以下拘留；情节较轻的，处五日以上十日以下拘留。

▲ 思维导图

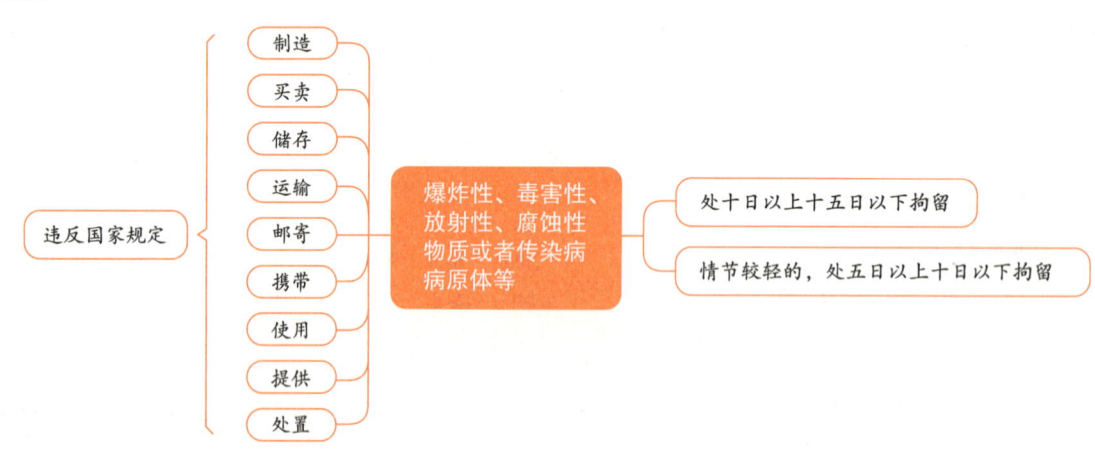

违反国家规定
- 制造
- 买卖
- 储存
- 运输
- 邮寄
- 携带
- 使用
- 提供
- 处置

→ 爆炸性、毒害性、放射性、腐蚀性物质或者传染病病原体等

→ 处十日以上十五日以下拘留

→ 情节较轻的，处五日以上十日以下拘留

要点注释

本条规定的危险物质主要是指法条中列明的爆炸性、毒害性、放射性、腐蚀性物质或者传染病病原体等危险物质。违反危险物质管理的行为方式主要有制造、买卖、储存、运输、邮寄、携带、使用、提供、处置。本法对前述行为的处罚,仅仅规定了拘留处罚。需要说明的是,对同一违法行为,有关部门按照其他法律、行政法规进行了拘留以外行政处罚的,不影响公安机关按照本条的规定给予拘留的处罚。

拓展适用

《违反公安行政管理行为的名称及其适用意见》
第 53 条

《民用爆炸物品安全管理条例》
第 44 条、第 46 条、第 47 条

案例精析

某运输公司诉某市某区交通综合行政执法大队行政处罚案

案号:(2020)闽 07 行终 91 号
来源:人民法院案例库 2024-12-3-001-012

裁判要点

危险化学品作为对人体、设施、环境具有危害的化学品,国家就其生产、储存、使用、经营和运输等制定了严格的法律、行政法规,实行分阶段分部门全流程管控。危险化学品相关单位和个人对维护社会公共安全负有高度的法定义务,必须严格按照法律、行政法规及相关规章制度管理好危险化学品及相关从业人员等。因此,对危险化学品管理类行政处罚案件认定事实和适用法律问题的审查,除客观地、从物理意义上对行为、事件等进行还原外,还应当根据危险化学品管理单位和个人的法定义务,并结合行业惯例、日常生活经验等,对客观事实作出法律上的评价。根据《危险化学品安全管理条例》第八十六条第一项:"有下列情形之一的,由交通运输主管部门责令改正,处 5 万元以上 10 万元以下的罚款;拒不改正的,责令停产停业整顿;构成犯罪的,依法追究刑事责任:(一)危险化学品道路运输企业、水路运输企业的驾驶人员、船员、装卸管理人员、押运人员、申报人员、集装箱装箱现场检查员未取得从业资格上岗作业的。"判断危险品押运人员的从业资格时,首先依据客观事实和危险化学品运输行业惯例,认定押运员是否履职,再根据危险化学品运输企业应当负有管理运输车辆及其驾驶员、押运人员等法定义务,认定相关企业是否存在明知危险化学品运输车辆应当配备符合法律规定的人员,却未履行管理职责,未及时发现问题致使不具资格的吴某某实际履行押运职责,从而判断是否存在押运人员未取得从业资格上岗作业之情形。

在危险化学品管理类行政处罚案件司法审查中,危险化学品管理单位和个人所负有的法定义务对法律事实认定的影响,即该类单位和个人必须先证明自己已依法严格履行相应管理职责,否则视为其行为不符合法律规定,应当承担相应的法律责任。

第三十七条　【危险物质被盗抢、丢失不报告】

旧（修订前）	新（修订后）
第三十一条　爆炸性、毒害性、放射性、腐蚀性物质或者传染病病原体等危险物质被盗、被抢或者丢失，未按规定报告的，处五日以下拘留；故意隐瞒不报的，处五日以上十日以下拘留。	第三十七条　爆炸性、毒害性、放射性、腐蚀性物质或者传染病病原体等危险物质被盗、被抢或者丢失，未按规定报告的，处五日以下拘留；故意隐瞒不报的，处五日以上十日以下拘留。

▶ 是指有关单位或者个人，未按照规定的时间或者规定的程序及时向主管部门或者本单位报告危险物质被盗、被抢或者丢失的情形。如果其及时如实报告，则不得适用本条的规定。

▶ 是指发生危险物质被盗、被抢或者丢失后，责任人意图通过自身的努力将危险物质追回而不报告，或者隐瞒实际情况，意图逃避责任，而不如实报告的行为。

◆ 思维导图

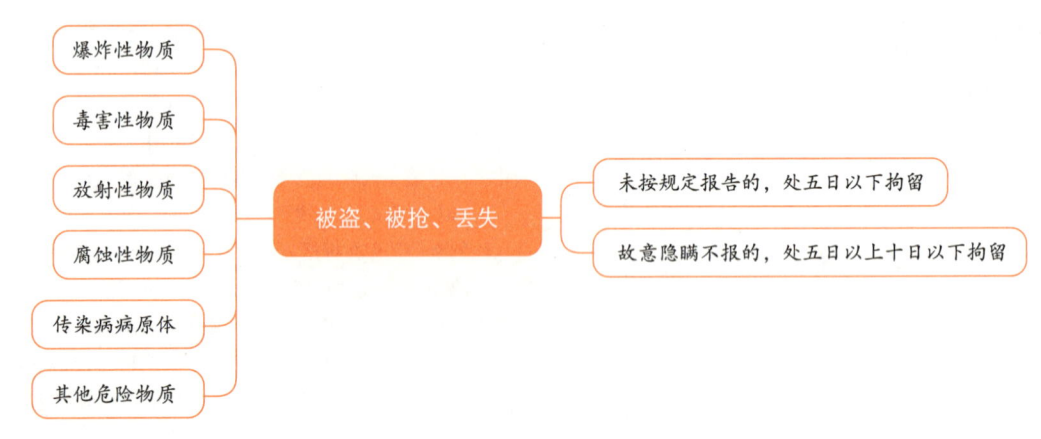

```
爆炸性物质 ─┐
毒害性物质 ─┤
放射性物质 ─┼─ 被盗、被抢、丢失 ─┬─ 未按规定报告的，处五日以下拘留
腐蚀性物质 ─┤                    └─ 故意隐瞒不报的，处五日以上十日以下拘留
传染病病原体 ┤
其他危险物质 ┘
```

要点注释

　　这里的"未按规定报告"中的"规定"是广义概念,包括法律、法规、规章、各级人民政府颁布的规范性文件、命令以及有关行业主管部门、行业协会、企事业单位自身制定的规章制度等。这些"规定"中课以了相关单位或责任人的报告义务,如违反相关报告义务,即未按规定报告或故意隐瞒不报的,应当依照本法予以拘留。

拓展适用

《违反公安行政管理行为的名称及其适用意见》
第 54 条

《危险化学品安全管理条例》
第 23 条、第 51 条

第三十八条 【非法携带枪支、弹药或者管制器具】

旧（修订前）	新（修订后）
第三十二条　非法携带枪支、弹药或者弩、匕首等国家规定的管制器具的，处五日以下拘留，可以并处五百元以下罚款；情节较轻的，处警告或者二百元以下罚款。 非法携带枪支、弹药或者弩、匕首等国家规定的管制器具进入公共场所或者公共交通工具的，处五日以上十日以下拘留，可以并处五百元以下罚款。	第三十八条　非法携带枪支、弹药或者弩、匕首等国家规定的管制器具的，处五日以下拘留，可以并处一千元以下罚款；情节较轻的，处警告或者五百元以下罚款。 非法携带枪支、弹药或者弩、匕首等国家规定的管制器具进入公共场所或者公共交通工具的，处五日以上十日以下拘留，可以并处一千元以下罚款。

◉ 思维导图

非法携带枪支、弹药或者管制器具行为 —— 非法携带 ——
- 枪支、弹药或者弩、匕首等国家规定的管制器具
- 进入公共场所或者公共交通工具

拓展适用

《违反公安行政管理行为的名称及其适用意见》
第 55 条

案例精析

李某某诉某公安分局其他行政处罚纠纷案

案号：（2023）津 0110 行初 168 号
来源：中国裁判文书网

裁判要点

李某某并非首次乘坐飞机且具有大学以上学历，对于管制刀

具等禁运物品具备一般的辨认能力和认知能力。在机场设置有醒目警示标识的情况下，不仅未向机场安检人员主动出示或自行处置携带的刀具，反而将刀具存放在随身携带的双肩包内，管制刀具并非其主动交出而是进入安检通道后被安检员在安全检查中发现，足可认定其存在携带刀具的客观事实。《行政处罚决定书》中对事实部分认定准确。

根据《中华人民共和国治安管理处罚法》第三十二条，《中华人民共和国民用航空安全保卫条例》第五条、第三十二条的规定，民航机场为公共场所，李某某已经具备非法携带管制器具进入公共场所的客观事实。鉴于李某某的违法行为尚未构成犯罪，公安机关可以对李某某的违法行为作出五千元以下的罚款处罚。被告某公安分局作出《行政处罚决定书》于法有据。

关于处罚裁量是否符合比例原则。基于对公共秩序和公共安全的维护，大部分行政处罚均以打击客观违法行为为主，以达到预防犯罪的效果。本案中，刀具、背包均为李某某物品，李某某称其忘记包中携带刀具，但无法提供有效的证据予以佐证，不能作为其完全免予处罚的依据。即便确实因忘记而携带，亦属于其本人的疏忽，未尽到检查随身物品的基本注意义务，其作为成年人应承担因疏忽大意导致的违法后果。本案中，非法携带管制器具进入公共场所具有罚款、拘留两种不同性质的行政处罚，被告考虑到李某某的行为本身尚未造成严重的违法后果，社会危害性较小，且在调查过程中积极配合公安机关查处，决定对其处以一千五百元罚款，过罚相当，惩教兼具。

第三十九条 【盗窃、损毁重要公共设施，妨碍国（边）境标志、界线走向管理】

旧（修订前）	新（修订后）
第三十三条 有下列行为之一的，处十日以上十五日以下拘留： （一）盗窃、损毁油气管道设施、电力电信设施、广播电视设施、水利防汛工程设施或者水文监测、测量、气象测报、环境监测、地质监测、地震监测等公共设施的； （二）移动、损毁国家边境的界碑、界桩以及其他边境标志、边境设施或者领土、领海标志设施的； （三）非法进行影响国（边）界线走向的活动或者修建有碍国（边）境管理的设施的。	第三十九条 有下列行为之一的，处十日以上十五日以下拘留；情节较轻的，处五日以下拘留： （一）盗窃、损毁油气管道设施、电力电信设施、广播电视设施、水利工程设施、公共供水设施、公路及附属设施或者水文监测、测量、气象测报、生态环境监测、地质监测、地震监测等公共设施，危及公共安全的； （二）移动、损毁国家边境的界碑、界桩以及其他边境标志、边境设施或者领土、领海基点标志设施的； （三）非法进行影响国（边）界线走向的活动或者修建有碍国（边）境管理的设施的。

▶ 是指以非法占有为目的，采用秘密窃取等手段取得，尚不构成刑事处罚的行为。

▶ 是指行为人出于故意或过失损坏或毁坏公私财物的行为。

要点注释

公共设施是为国民经济运行、产业发展、居民生活提供交通、通信、能源、税务、教育、医疗、文化体育等公共性服务的设施。界碑、界桩以及其他边境标志是我国领土范围的重要标志，事关国家利益，所以要保证其不被移动或损坏。非法进行影响国（边）界线走向的活动，或者修建有碍国（边）境管理设施的行为，主要是指行为人的行为已经影响了国（边）界线的走向或妨碍了国（边）境管理，如在临近国境线附近挖沙、耕种、采伐树木等，或在国（边）境位置修建房屋、挖鱼塘等。

拓展适用

《中华人民共和国刑法》
第 118 条、第 124 条、第 323 条

《违反公安行政管理行为的名称及其适用意见》
第 56 条至第 59 条

案例精析

1. 莫某故意毁坏财物案

案号：（2023）粤 1225 刑初 2 号

来源：人民法院案例库 2024-05-1-230-001

裁判要点

认定破坏公用电信设施罪，应当考察破坏的公用电信设施的范围、受影响的用户数、导致通信中断和严重障碍的程度和时间长度，综合判断是否达到了危害公共安全的严重程度。对于不足以危害公共安全的行为，不构成破坏公用电信设施罪；如果毁坏财物数额较大或者有其他严重情节，可以认定为故意毁坏财物罪。

2. 李某等扰乱无线电通讯管理秩序案

案号：（2017）鄂 96 刑终 6 号

来源：人民法院案例库 2023-05-1-258-001

裁判要点

使用"伪基站"行为通常难以构成破坏公用电信设施罪，应当以扰乱无线电通讯管理秩序罪定罪处罚。首先，使用"伪基站"的行为不构成"破坏"行为。第一，以"伪基站"作为工具占用移动等合法基站的频率的行为并没有截断通信线路。第二，利用"伪基站"占用移动等正规基站的频率也不符合"删除、修改、增加电信网计算机信息系统中存储、处理或者传输的数据和应用程序"这一行为特征。其次，从侵害的法益来看，使用"伪基站"行为对相关法益是干扰而非破坏。一方面，大多数"伪基站"发送的信息内容涉及房产、股票推销等商业推广，更多的是对无线电通讯秩序和居民的生活安定造成了一定的干扰，达不到危害公共安全的程度。另一方面，此类案件中对于危害公共安全的认定和取证也存在一定的困难。根据"伪基站"的工作原理，虽然发送垃圾短信等确实可以造成正常通信的中断，但是这种截断的时间往往很短且有地域局限性。

第四十条 【妨害航空器飞行安全，妨害公共交通工具行驶安全】

旧（修订前）	新（修订后）
第三十四条　盗窃、损坏、擅自移动使用中的航空设施，或者强行进入航空器驾驶舱的，处十日以上十五日以下拘留。 　　在使用中的航空器上使用可能影响导航系统正常功能的器具、工具，不听劝阻的，处五日以下拘留或者五百元以下罚款。	第四十条　盗窃、损坏、擅自移动使用中的航空设施，或者强行进入航空器驾驶舱的，处十日以上十五日以下拘留。 　　在使用中的航空器上使用可能影响导航系统正常功能的器具、工具，不听劝阻的，处五日以下拘留或者一千元以下罚款。 　　盗窃、损坏、擅自移动使用中的其他公共交通工具设施、设备，或者以抢控驾驶操纵装置、拉扯、殴打驾驶人员等方式，干扰公共交通工具正常行驶的，处五日以下拘留或者一千元以下罚款；情节较重的，处五日以上十日以下拘留。

◇ 思维导图

妨害航空器飞行安全，妨害公共交通工具行驶安全行为
- 盗窃、损坏、擅自移动使用中的航空设施，或者强行进入航空器驾驶舱
- 在使用中的航空器上使用可能影响导航系统正常功能的器具、工具，不听劝阻
- 盗窃、损坏、擅自移动使用中的其他公共交通工具设施、设备
- 以抢控驾驶操纵装置、拉扯、殴打驾驶人员等方式，干扰公共交通工具正常行驶

要点注释

第一款规定的四种针对使用中的航空器的违法行为包括盗窃、损坏、擅自移动、强行进入舱内的，都要受到拘留的行政处罚。第二款规定的违法行为将受到拘留或罚款的处罚。主要是指在使用中的航空器上经乘务人员的劝阻，仍然坚持自己的意愿，故意使用可能影响航空飞行安全的禁止在航空器上使用的器具、工具，如移动电话、游戏机等。第三款为新法修订新增条款，即行为人盗窃、损坏、擅自移动使用中的其他公共交通工具设施、设备，或者以抢控驾驶操纵装置、拉扯、殴打驾驶人员等方式，干扰公共交通工具正常行驶的，将受到行政处罚。

拓展适用

《违反公安行政管理行为的名称及其适用意见》
第 60 条至第 62 条

案例精析

张某与某市公安局某分局其他行政案

案号：（2019）沪 01 行初 221 号
来源：中国裁判文书网

裁判要点

根据查明的事实，张某本案中使用手机通话时，其所乘坐的航班飞机已经处于滑行准备起飞阶段，其在此时使用手机的行为可能会对飞机导航等系统产生影响，进而危及飞行安全。航班安全员发现后，曾多次对原告进行劝阻，但张某均未予以配合，直至安全员准备用手制止其继续使用手机时，张某方挂断电话。张某的上述行为已符合《中华人民共和国治安管理处罚法》第三十四条第二款规定的违法行为构成，被告基于上述事实，依法决定对张某处以行政拘留五日的处罚决定，事实依据充分，适用法律正确，量罚亦属适当。

第四十一条 【妨害铁路、城市轨道交通运行安全】

旧（修订前）	新（修订后）
第三十五条　有下列行为之一的，处五日以上十日以下拘留，可以并处五百元以下罚款；情节较轻的，处五日以下拘留或者五百元以下罚款： （一）盗窃、损毁或者擅自移动铁路设施、设备、机车车辆配件或者安全标志的； （二）在铁路线路上放置障碍物，或者故意向列车投掷物品的； （三）在铁路线路、桥梁、涵洞处挖掘坑穴、采石取沙的； （四）在铁路线路上私设道口或者平交过道的。	第四十一条　有下列行为之一的，处五日以上十日以下拘留，可以并处一千元以下罚款；情节较轻的，处五日以下拘留或者一千元以下罚款： （一）盗窃、损毁、擅自移动铁路、城市轨道交通设施、设备、机车车辆配件或者安全标志的； （二）在铁路、城市轨道交通线路上放置障碍物，或者故意向列车投掷物品的； （三）在铁路、城市轨道交通线路、桥梁、隧道、涵洞处挖掘坑穴、采石取沙的； （四）在铁路、城市轨道交通线路上私设道口或者平交过道的。

拓展适用

《违反公安行政管理行为的名称及其适用意见》
第 63 条至第 67 条

案例精析

黄某与某市公安局行政处罚案

案号：（2022）琼 96 行终 62 号

来源：中国裁判文书网

裁判要点

被告在查清原告在桥梁附近的河边非法采砂的事实后立案受理，并依法履行了调查取证、告知、送达等程序，依据《中华人民共和国治安管理处罚法》第三十五条第三项的规定作出了《处罚决定书》。

第四十二条 【妨害列车行车安全】

旧（修订前）	新（修订后）
第三十六条 擅自进入铁路防护网或者火车来临时在铁路线路上行走坐卧、抢越铁路，影响行车安全的，处警告或者二百元以下罚款。	第四十二条 擅自进入铁路、城市轨道交通防护网或者火车、城市轨道交通列车来临时在铁路、城市轨道交通线路上行走坐卧，抢越铁路、城市轨道，影响行车安全的，处警告或者五百元以下罚款。

思维导图

妨害列车行车安全行为
- 擅自进入铁路、城市轨道交通防护网
- 火车、城市轨道交通列车来临时在铁路、城市轨道交通线路上行走坐卧，影响行车安全
- 抢越铁路、城市轨道，影响行车安全

案例精析

张某诉中国铁路某局集团有限公司铁路运输人身损害责任纠纷案

案号：（2019）沪03民终175号
来源：人民法院案例库 2024-07-2-389-001

裁判要点

对于铁路运输企业已充分履行安全防护、警示义务，而受害人擅自进入警示区倒卧在铁路线路上造成人身损害的，铁路运输企业不承担赔偿责任。

拓展适用

《违反公安行政管理行为的名称及其适用意见》
第68条至第69条

第四十三条 【擅自安装使用电网，道路施工妨碍行人安全，破坏道路施工安全设施，破坏公共设施，违反规定升放升空物体妨害消防安全，高空抛物】

旧（修订前）	新（修订后）
第三十七条 有下列行为之一的，处五日以下拘留或者五百元以下罚款；情节严重的，处五日以上十日以下拘留，可以并处五百元以下罚款： （一）未经批准，安装、使用电网的，或者安装、使用电网不符合安全规定的； （二）在车辆、行人通行的地方施工，对沟井坎穴不设覆盖物、防围和警示标志的，或者故意损毁、移动覆盖物、防围和警示标志的； （三）盗窃、损毁路面井盖、照明等公共设施的。	**第四十三条** 有下列行为之一的，处五日以下拘留或者一千元以下罚款；情节严重的，处十日以上十五日以下拘留，可以并处一千元以下罚款： （一）未经批准，安装、使用电网的，或者安装、使用电网不符合安全规定的； （二）在车辆、行人通行的地方施工，对沟井坎穴不设覆盖物、防围和警示标志的，或者故意损毁、移动覆盖物、防围和警示标志的； （三）盗窃、损毁路面井盖、照明等公共设施的； （四）违反有关法律法规规定，升放携带明火的升空物体，有发生火灾事故危险，不听劝阻的； （五）从建筑物或者其他高空抛掷物品，有危害他人人身安全、公私财产安全或者公共安全危险的。

思维导图

- 擅自安装使用电网 —— 未经批准，安装、使用电网的，或者安装、使用电网不符合安全规定
- 道路施工妨碍行人安全 —— 在车辆、行人通行的地方施工，对沟井坎穴不设覆盖物、防围和警示标志
- 破坏道路施工安全设施 —— 故意损毁、移动覆盖物、防围和警示标志
- 破坏公共设施 —— 盗窃、损毁路面井盖、照明等公共设施
- 违反规定升放升空物体妨害消防安全 —— 违反有关法律法规规定，升放携带明火的升空物体，有发生火灾事故危险，不听劝阻
- 高空抛物 —— 从建筑物或者其他高空抛掷物品，有危害他人人身安全、公私财产安全或者公共安全危险

拓展适用

《违反公安行政管理行为的名称及其适用意见》
第70条至第74条

案例精析

邱某某交通肇事刑罚与执行变更审查案

案号：（2024）陕0728刑更1号
来源：中国裁判文书网

裁判要点

2023年12月初至2024年1月9日，邱某某在某镇某村山林中，未经主管部门批准擅自安装、使用电网捕猎野生动物，其间在山林中挖药材的第三人触碰邱某某擅自安装的电网，未被电伤，但存在安全隐患。某县公安局根据《中华人民共和国治安管理处罚法》第三十七条第一项、第十一条之规定，决定处以邱某某行政拘留五日，收缴电瓶、逆变器、电容等作案工具。

第四十四条 【举办大型活动违反安全规定】

旧（修订前）	新（修订后）
第三十八条　举办文化、体育等大型群众性活动，违反有关规定，有发生安全事故危险的，责令停止活动，立即疏散；对组织者处五日以上十日以下拘留，并处二百元以上五百元以下罚款；情节较轻的，处五日以下拘留或者五百元以下罚款。	第四十四条　举办体育、文化等大型群众性活动，违反有关规定，有发生安全事故危险，经公安机关责令改正而拒不改正或者无法改正的，责令停止活动，立即疏散；对其直接负责的主管人员和其他直接责任人员处五日以上十日以下拘留，并处一千元以上三千元以下罚款；情节较重的，处十日以上十五日以下拘留，并处三千元以上五千元以下罚款，可以同时责令六个月至一年以内不得举办大型群众性活动。

有关规定：是指有关大型群众性活动的批准、审查、治安保卫、法律责任等事项的法律、行政法规、部门规章及有关人民政府发布的决定、命令等。

思维导图

举办大型活动违反安全规定的处罚
- 经公安机关责令改正而拒不改正或者无法改正的 —— 责令停止活动，立即疏散
- 对其直接负责的主管人员和其他直接责任人员 —— 处五日以上十日以下拘留，并处一千元以上三千元以下罚款
- 情节较重的 —— 处十日以上十五日以下拘留，并处三千元以上五千元以下罚款，可以同时责令六个月至一年以内不得举办大型群众性活动

要点注释

举办体育、文化等大型群众性活动危及公共安全的行为，是指举办大型群众性活动违反有关规定，由此发生安全事故危险的行为。本条规定的行为的主要特征：第一，行为的主体是大型群众性活动的组织者，包括主办单位及负责人，组织者应当在公安机关的协助和指导下，拟订安全方案，落实安全措施；第二，行为人有违反有关规定的行为，包括举办活动未经许可或者虽经许可，但现场仍存在安全隐患或者在申请举办大型群众性活动时承诺采取的安全措施和方案在申请被批准后就置于脑后等情形。

拓展适用

《违反公安行政管理行为的名称及其适用意见》
第 75 条
《大型群众性活动安全管理条例》

案例精析

某市公安局某分局、某文化传媒公司文化行政管理案

案号：（2019）闽 03 行终 18 号
来源：中国裁判文书网

裁判要点

根据《大型群众性活动安全管理条例》第四条及第十一条、第十四条的规定，上诉人某市公安局某分局具有作出被诉不予行政许可决定的法定职权。本案中，综合考量被上诉人某文化传媒公司提交的安全防范工作方案及应急处置方案、安全风险评估报告、合作协议及安全协议书、刘某的谈话笔录等证据，可以证明被上诉人某文化传媒公司的安全许可申请存在安全责任不明确、措施无效的问题。此外，被上诉人某文化传媒公司亦未提交活动场所供电系统安全的资料或证明。因此，上诉人某市公安局某分局经审查后，认为被上诉人某文化传媒公司的安全许可申请不符合法定条件和标准，并依据《大型群众性活动安全管理条例》的相关规定作出被诉不予行政许可决定事实清楚，程序合法，适用法律正确。原审被告某市人民政府复议维持上诉人某市公安局某分局的不予行政许可决定并无不当。原审法院判决撤销被诉不予行政许可决定及行政复议决定明显不当，应予纠正。

第四十五条 【公共活动场所违反安全规定】

旧（修订前）	新（修订后）
第三十九条　旅馆、饭店、影剧院、娱乐场、运动场、展览馆或者其他供社会公众活动的场所的经营管理人员，违反安全规定，致使该场所有发生安全事故危险，经公安机关责令改正，拒不改正的，处五日以下拘留。	第四十五条　旅馆、饭店、影剧院、娱乐场、体育场馆、展览馆或者其他供社会公众活动的场所违反安全规定，致使该场所有发生安全事故危险，经公安机关责令改正而拒不改正的，对其直接负责的主管人员和其他直接责任人员处五日以下拘留；情节较重的，处五日以上十日以下拘留。

◆ 思维导图

对违反公共场所安全规定行为的处罚
- 旅馆、饭店、影剧院、娱乐场、体育场馆、展览馆或者其他供社会公众活动的场所
- 违反安全规定
- 致使该场所有发生安全事故危险
- 经公安机关责令改正而拒不改正

→ 对其直接负责的主管人员和其他直接责任人员处五日以下拘留；情节较重的，处五日以上十日以下拘留

拓展适用

《旅馆业治安管理办法》

第 3 条

《娱乐场所管理条例》

第 20 条至第 22 条

《互联网上网服务营业场所管理条例》

第 24 条

《违反公安行政管理行为的名称及其适用意见》

第 76 条

《娱乐场所治安管理办法》

第 8 条至第 18 条

案例精析

方某诉某县公安局治安管理行政处罚案

案号：（2015）浙杭行终字第 254 号

来源：中国裁判文书网

裁判要点

2015 年 3 月 17 日，某县公安局作出行政处罚决定书，认定：2015 年 2 月 11 日，某派出所和公安消防大队工作人员对方某经营的出租房进行消防检查，发现该房屋不符合《浙江省居住出租房屋消防安全要求》，于同年 2 月 13 日责令限期改正。同年 3 月 13 日复查时发现方某对存在的消防安全隐患不能及时消除，致使场所有发生安全事故危险的可能。某县公安局认为方某的行为构成违反安全规定致使场所有发生安全事故危险的可能，根据《中华人民共和国治安管理处罚法》第三十九条的规定，对其决定行政拘留三日，并送某县拘留所执行。

方某不服，诉至法院请求撤销被诉处罚决定。本案争议的焦点在于，当事人申请附带审查的《消防安全要求》《消防执法问题批复》和《消防安全法律适用意见》是否对《中华人民共和国治安管理处罚法》第三十九条规定的"其他供社会公众活动的场所"进行了扩大解释。《中华人民共和国治安管理处罚法》第三十九条适用的对象是"旅馆、饭店、影剧院、娱乐场、运动场、展览馆或者其他供社会公众活动的场所的经营管理人员"。本案中，人民法院通过对案涉规范性文件条文的审查，明确了对居住的出租房屋能否视为"其他供社会公众活动的场所"这一法律适用问题。由于"其他供社会公众活动的场所"为不确定法律概念，其内容与范围并不固定。本案中，居住的出租房物理上将毗邻的多幢、多间（套）房屋集中用于向不特定多数人出租，并且承租人具有较高的流动性，与一般的居住房屋只关涉公民私人领域有质的区别，已经构成了与旅馆类似的具有一定开放性的公共活动场所。对于此类场所的经营管理人员，在出租获利的同时理应承担更高的消防安全管理责任。因此，《消防安全要求》《消防执法问题批复》和《消防安全法律适用意见》所规定的内容并不与《中华人民共和国治安管理处罚法》第三十九条之规定相抵触。

第四十六条 【违规飞行民用无人驾驶航空器、航空运动器材或者升空物体妨害空域管理】

第四十六条 违反有关法律法规关于飞行空域管理规定,飞行民用无人驾驶航空器、航空运动器材,或者升放无人驾驶自由气球、系留气球等升空物体,情节较重的,处五日以上十日以下拘留。

飞行、升放前款规定的物体非法穿越国(边)境的,处十日以上十五日以下拘留。

根据《中华人民共和国飞行基本规则》的规定,空域管理应当维护国家安全,兼顾民用、军用航空的需要和公众利益,统一规划,合理、充分、有效地利用空域。空域的划设应当考虑国家安全、飞行需要、飞行管制能力和通信、导航、雷达设施建设以及机场分布、环境保护等因素。空域通常划分为机场飞行空域、航路、航线、空中禁区、空中限制区和空中危险区等。空域管理和飞行任务需要的,可以划设空中走廊、空中放油区和临时飞行空域。

思维导图

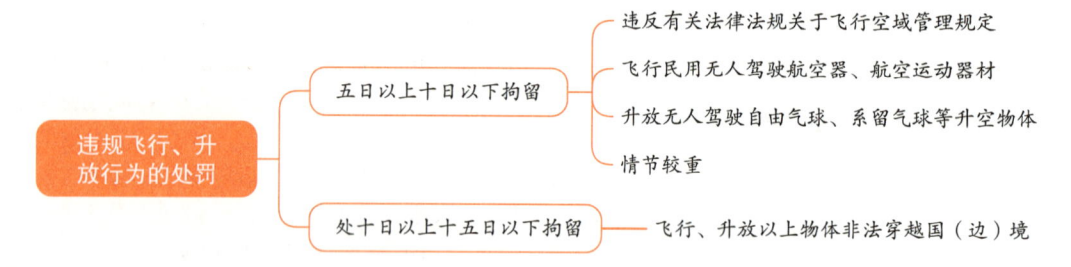

违规飞行、升放行为的处罚
- 五日以上十日以下拘留
  - 违反有关法律法规关于飞行空域管理规定
  - 飞行民用无人驾驶航空器、航空运动器材
  - 升放无人驾驶自由气球、系留气球等升空物体
  - 情节较重
- 处十日以上十五日以下拘留
  - 飞行、升放以上物体非法穿越国(边)境

拓展适用

《中华人民共和国军事设施保护法》
第 17 条

《铁路安全管理条例》
第 53 条

《无人驾驶航空器飞行管理暂行条例》

案例精析

王某与边某、刘某等侵权责任案

案号：（2025）黑 02 民终 518 号
来源：中国裁判文书网

裁判要点

2023 年 5 月 23 日公布的《无人驾驶航空器飞行管理暂行条例》（以下简称《暂行条例》）第十一条第二款"使用最大起飞重量不超过 150 千克的农用无人驾驶航空器在农林牧渔区域上方的适飞空域内从事农林牧渔作业飞行活动，无需取得运营合格证"；《暂行条例》第十一条第三款"从事常规农用无人驾驶航空器作业飞行活动，无需取得通用航空经营许可证和运行合格证"；依据《暂行条例》第十六条第二款之规定"从事常规农用无人驾驶航空器作业飞行活动的人员无需取得操控员执照，但应当由农用无人驾驶航空器系统生产者按照国务院民用航空、农业农村主管部门规定的内容进行培训和考核，合格后取得操作证书"。以上规定足以说明，涉案喷洒除草剂，王某作为无人机操作员无需取得通用航空经营许可证、运行合格证、操控员执照这三个行政许可，也就是常说的资质，只需要取得无人机操作证。无人机操作证作为培训考核合格的证明，并非行政许可性质，不影响王某履行法定义务。

第三节　侵犯人身权利、财产权利的行为和处罚

第四十七条　【组织、胁迫、诱骗进行恐怖表演，强迫劳动，非法限制人身自由，非法侵入住宅，非法搜查人身】

旧（修订前）	新（修订后）
第四十条　有下列行为之一的，处十日以上十五日以下拘留，并处五百元以上一千元以下罚款；情节较轻的，处五日以上十日以下拘留，并处二百元以上五百元以下罚款： （一）组织、胁迫、诱骗不满十六周岁的人或者残疾人进行恐怖、残忍表演的； （二）以暴力、威胁或者其他手段强迫他人劳动的； （三）非法限制他人人身自由、非法侵入他人住宅或者非法搜查他人身体的。	第四十七条　有下列行为之一的，处十日以上十五日以下拘留，并处一千元以上二千元以下罚款；情节较轻的，处五日以上十日以下拘留，并处一千元以下罚款： （一）组织、胁迫、诱骗不满十六周岁的人或者残疾人进行恐怖、残忍表演的； （二）以暴力、威胁或者其他手段强迫他人劳动的； （三）非法限制他人人身自由、非法侵入他人住宅或者非法搜查他人身体的。

思维导图

组织、胁迫、诱骗进行恐怖表演，强迫劳动，非法限制人身自由，非法侵入住宅，非法侵入住宅，非法搜查人身
- 组织、胁迫、诱骗不满十六周岁的人或者残疾人进行恐怖、残忍表演的
- 以暴力、威胁或者其他手段强迫他人劳动的
- 非法限制他人人身自由、非法侵入他人住宅或者非法搜查他人身体的

> **拓展适用**
>
> 《中华人民共和国刑法》
> 第 238 条、第 244 条、第 245 条
>
> 《违反公安行政管理行为的名称及其适用意见》
> 第 77 条至第 81 条

案例精析

某市公安局某分局、庄某治安行政处罚案

案号：（2020）闽 05 行终 321 号

来源：中国裁判文书网

裁判要点

非法侵入他人住宅是指未经住宅主人允许，没有法律依据或正当理由，或者虽有法律依据，但不依照法定程序强行进入，或者进入时主人虽同意，但主人要求其退出时无理由拒不退出的行为。非法侵入行为的对象是住宅。非法侵入行为的形式一般分为两类：一类是积极的作为形式，如不经住宅主人同意，不顾主人劝阻，非法强行进入他人住宅；另一类是消极的不作为形式，主要表现为进入时虽经主人同意，但当主人要求其退出时无理由拒不退出。本案是否属于非法侵入住宅的违反治安管理行为，分析如下：

关于事发地点是否为住宅的问题。从泉港公安局提供的泉州泉港某食堂服务部的营业执照、卫生许可证复印件以及该局对庄某 3、庄某、庄某 1、庄某 2 的询问笔录、监控视频等证据，可以证实事发当日庄某、庄某妹进入 3 号、4 号店面，庄某 1 进入 3 号店面，3 号店面是走廊，可以通往 1 号、2 号、4 号店面以及小区中庭启某幼儿园入口，4 号店面系启某幼儿园食堂的经营场所。在某公安局对庄某 3 的调查笔录中，庄某 3 称事发当时启某幼儿园出租给大学生用于培训，庄某进入食堂时，有多名学生及老师站在 3 号店面靠近办公室的一侧，且监控视频中显示，2018 年 8 月 7 日，案涉 3 号店面的大门敞开，有数十名学生及家长自由出入，根据上述证据，可以认定事发当时 3 号店面、4 号店面处于经营状态，而非当作住宅用途，不属于《中华人民共和国治安管理处罚法》第四十条第三项规定的"住宅"。庄某主张案涉地点为住宅的理由不能成立，本院不予支持。

第四十八条 【组织、胁迫未成年人有偿陪侍】

第四十八条 组织、胁迫未成年人在不适宜未成年人活动的经营场所从事陪酒、陪唱等有偿陪侍活动的,处十日以上十五日以下拘留,并处五千元以下罚款;情节较轻的,处五日以下拘留或者五千元以下罚款。

◆ 思维导图

- 组织、胁迫未成年人在不适宜未成年人活动的经营场所从事陪酒、陪唱等有偿陪侍活动 —— 处十日以上十五日以下拘留,并处五千元以下罚款
- 情节较轻 —— 处五日以下拘留或者五千元以下罚款

案例精析

惩治组织未成年人进行违反治安管理活动犯罪综合司法保护案

来源:最高人民检察院指导性案例(检例第173号)[①]

裁判要点

对组织未成年人在 KTV 等娱乐场所进行有偿陪侍的,检察机关应当以组织未成年人进行违反治安管理活动罪进行追诉,并可以从被组织人数、持续时间、组织手段、陪侍情节、危害后果等方面综合认定本罪的"情节严重"。检察机关应当针对案件背后的家庭监护缺失、监护不力问题开展督促监护工作,综合评估监护履责中存在的具体问题,制发个性化督促监护令,并跟踪落实。检察机关应当坚持未成年人保护治罪与治理并重,针对个案发生的原因开展诉源治理。

[①] 《关于印发最高人民检察院第四十三批指导性案例的通知》,载最高人民检察院网站,https://www.spp.gov.cn/jczdal/202303/t20230301_604987.shtml,2025年6月30日访问。

第四十九条 【胁迫、诱骗、利用他人乞讨,以滋扰他人的方式乞讨】

旧(修订前)	新(修订后)
第四十一条　胁迫、诱骗或者利用他人乞讨的,处十日以上十五日以下拘留,可以并处一千元以下罚款。 反复纠缠、强行讨要或者以其他滋扰他人的方式乞讨的,处五日以下拘留或者警告。	第四十九条　胁迫、诱骗或者利用他人乞讨的,处十日以上十五日以下拘留,可以并处二千元以下罚款。 反复纠缠、强行讨要或者以其他滋扰他人的方式乞讨的,处五日以下拘留或者警告。

思维导图

对胁迫、诱骗、利用他人乞讨,以滋扰他人的方式乞讨行为的处罚
- 胁迫、诱骗或者利用他人乞讨
  - 处十日以上十五日以下拘留
  - 可以并处二千元以下罚款
- 反复纠缠、强行讨要或者以其他滋扰他人的方式乞讨 —— 处五日以下拘留或者警告

拓展适用

《中华人民共和国刑法》
第262条之一

《违反公安行政管理行为的名称及其适用意见》
第82条、第83条

《城市生活无着的流浪乞讨人员救助管理办法》
第5条

第五十条 【恐吓、侮辱、诽谤、诬告陷害、打击报复证人、滋扰他人、侵犯隐私等侵犯人身权利行为】

旧（修订前）	新（修订后）
第四十二条 有下列行为之一的，处五日以下拘留或者五百元以下罚款；情节较重的，处五日以上十日以下拘留，可以并处五百元以下罚款： （一）写恐吓信或者以其他方法威胁他人人身安全的； （二）公然侮辱他人或者捏造事实诽谤他人的； （三）捏造事实诬告陷害他人，企图使他人受到刑事追究或者受到治安管理处罚的； （四）对证人及其近亲属进行威胁、侮辱、殴打或者打击报复的； （五）多次发送淫秽、侮辱、恐吓或者其他信息，干扰他人正常生活的； （六）偷窥、偷拍、窃听、散布他人隐私的。	第五十条 有下列行为之一的，处五日以下拘留或者一千元以下罚款；情节较重的，处五日以上十日以下拘留，可以并处一千元以下罚款： （一）写恐吓信或者以其他方法威胁他人人身安全的； （二）公然侮辱他人或者捏造事实诽谤他人的； （三）捏造事实诬告陷害他人，企图使他人受到刑事追究或者受到治安管理处罚的； （四）对证人及其近亲属进行威胁、侮辱、殴打或者打击报复的； （五）多次发送淫秽、侮辱、恐吓等信息或者采取滋扰、纠缠、跟踪等方法，干扰他人正常生活的； （六）偷窥、偷拍、窃听、散布他人隐私的。 有前款第五项规定的滋扰、纠缠、跟踪行为的，除依照前款规定给予处罚外，经公安机关负责人批准，可以责令其一定期限内禁止接触被侵害人。对违反禁止接触规定的，处五日以上十日以下拘留，可以并处一千元以下罚款。

> **拓展适用**
>
> 《中华人民共和国刑法》
> 第 243 条、第 246 条、第 308 条
>
> 《违反公安行政管理行为的名称及其适用意见》
> 第 84 条至第 90 条

案例精析

1. 汤某某、何某网上"骂战"被行政处罚案

来源：依法惩治网络暴力违法犯罪典型案例之案例五[①]

裁判要点

2023 年 2 月，汤某某和何某因琐事多次发生冲突，未能协商解决。后，双方矛盾日益激化，于同年 6 月在多个网络平台发布视频泄愤，相互谩骂。随着"骂战"升级，二人开始捏造对方非法持枪、抢劫、强奸等不实信息，引发大量网民围观，跟进评论、嘲讽、谩骂，造成不良社会影响。

云南省玉溪市公安局红塔分局依法传唤汤某某、何某，告知双方在网络上发布言论应当遵守法律法规，侵犯他人名誉或扰乱社会正常秩序的，需要承担法律责任。据此，依法对汤某某、何某处以行政拘留五日的处罚，并责令删除相关违法视频。

本案就是网络暴力治安管理处罚案件，行为人实施网络"骂战"，相互谩骂、诋毁，在损害对方名誉权的同时，破坏网络秩序，造成不良社会影响。公安机关依法予以治安管理处罚，责令删除违法信息，教育双方遵守法律法规，及时制止了网络暴力滋生蔓延和违法行为的继续升级。

2. 常某甲等侮辱案

案号：（2021）川 06 刑终 125 号
来源：人民法院案例库 2024-18-1-196-001

裁判要点

利用双方冲突事件，煽动网络暴力，引导网民集中谩骂、诋毁他人，贬损他人人格、破坏他人名誉，造成被害人"自杀"的，应当根据《中华人民共和国刑法》第二百四十六条的规定，以侮辱罪定罪处罚。

[①] 《依法惩治网络暴力违法犯罪典型案例》，载最高人民法院网站，https://www.court.gov.cn/zixun/xiangqing/413002.html，2025 年 6 月 20 日访问。

第五十一条 【殴打他人，故意伤害他人身体】

旧（修订前）	新（修订后）
第四十三条 殴打他人的，或者故意伤害他人身体的，处五日以上十日以下拘留，并处二百元以上五百元以下罚款；情节较轻的，处五日以下拘留或者五百元以下罚款。 有下列情形之一的，处十日以上十五日以下拘留，并处五百元以上一千元以下罚款： （一）结伙殴打、伤害他人的； （二）殴打、伤害残疾人、孕妇、不满十四周岁的人或者六十周岁以上的人的； （三）多次殴打、伤害他人或者一次殴打、伤害多人的。	第五十一条 殴打他人的，或者故意伤害他人身体的，处五日以上十日以下拘留，并处五百元以上一千元以下罚款；情节较轻的，处五日以下拘留或者一千元以下罚款。 有下列情形之一的，处十日以上十五日以下拘留，并处一千元以上二千元以下罚款： （一）结伙殴打、伤害他人的； （二）殴打、伤害残疾人、孕妇、不满十四周岁的人或者七十周岁以上的人的； （三）多次殴打、伤害他人或者一次殴打、伤害多人的。

▶ 是指行为人公然打人，其行为方式主要是拳打脚踢，一般只是造成他人身体皮肉暂时的疼痛，被打的人并不一定会受伤。

▶ 是指非法损害他人身体健康的行为。伤害他人身体的形式是多种多样的，包括用石头、棍棒打人、驱使动物咬人、用针扎人、用开水烫人等。这种伤害行为已经给他人的身体造成了轻微伤害，但尚不够刑事处罚。

思维导图

对殴打他人，故意伤害他人身体行为的处罚
- 处五日以上十日以下拘留，并处五百元以上一千元以下罚款 —— 殴打他人的，或者故意伤害他人身体
- 处五日以下拘留或者一千元以下罚款 —— 情节较轻
- 处十日以上十五日以下拘留，并处一千元以上二千元以下罚款
  - 结伙殴打、伤害他人
  - 殴打、伤害残疾人、孕妇、不满十四周岁的人或者七十周岁以上的人
  - 多次殴打、伤害他人或者一次殴打、伤害多人

要点注释

殴打、伤害他人的行为侵犯的客体是他人的身体权和健康权。身体权是自然人为维持身体的完整并支配其肢体、器官和其他组织的人格权。健康权是自然人以其器官乃至整体的功能利益为内容的人格权。对违反本条第二款第二项规定行为的处罚，不要求行为人主观上必须明知殴打、伤害的对象为残疾人、孕妇、不满十四周岁的人或者七十周岁以上的人。

拓展适用

《公安机关执行〈中华人民共和国治安管理处罚法〉有关问题的解释（二）》

第7条、第8条

《违反公安行政管理行为的名称及其适用意见》

第91条、第92条

案例精析

曾某诉某市公安局某分局、某市某区人民政府行政处罚及行政复议案

案号：（2021）鲁03行终243号
来源：人民法院案例库 2023-12-3-001-007

裁判要点

1. 根据《中华人民共和国治安管理处罚法》第四十三条第一款的规定，故意伤害他人身体是违反治安管理的行为，违法行为人应受到相应的治安管理处罚。但受害人为了免受正在进行的不法侵害而采取的制止不法侵害的行为亦有可能造成伤害他人身体的后果。此情形下受害人对违法行为人造成伤害的，公安机关在认定时，不能仅看他人身体的伤害后果就将行为人的伤害行为定性为违反《中华人民共和国治安管理处罚法》第四十三条第一款的行为而给予行政处罚，而应当根据治安案件所查明的事实，充分考虑伤害行为的起因和伤害发生的过程，综合判断该伤害行为是否构成正当防卫。

2. 为了使国家利益、社会公共利益、本人或他人的人身、财产和其他合法权益免受正在进行的不法侵害，而在必要限度内采取的制止不法侵害的行为，对不法侵害人造成损害的，应当认定为正当防卫行为，而不应认定为违反治安管理行为，更不应因此给予治安管理行政处罚。故，受害人为了制止正在进行的违反治安管理行为而伤害了违法行为人，其不是事先挑拨、故意挑逗他人对自己进行侵害且损害在必要限度内的，对受害人的伤害行为应认定为正当防卫行为，而不应认定为治安违法行为而予以行政处罚。

第五十二条 【猥亵他人，公然裸露隐私部位】

旧（修订前）	新（修订后）
第四十四条 猥亵他人的，或者在公共场所故意裸露身体，情节恶劣的，处五日以上十日以下拘留；猥亵智力残疾人、精神病人、不满十四周岁的人或者有其他严重情节的，处十日以上十五日以下拘留。	**第五十二条** 猥亵他人的，处五日以上十日以下拘留；猥亵精神病人、智力残疾人、不满十四周岁的人或者有其他严重情节的，处十日以上十五日以下拘留。 在公共场所故意裸露身体隐私部位的，处警告或者五百元以下罚款；情节恶劣的，处五日以上十日以下拘留。

思维导图

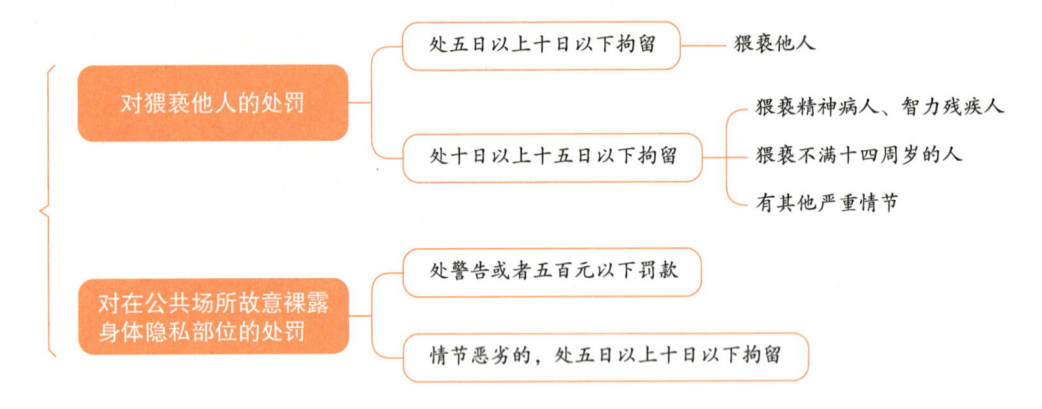

- 对猥亵他人的处罚
  - 处五日以上十日以下拘留 — 猥亵他人
  - 处十日以上十五日以下拘留
    - 猥亵精神病人、智力残疾人
    - 猥亵不满十四周岁的人
    - 有其他严重情节
- 对在公共场所故意裸露身体隐私部位的处罚
  - 处警告或者五百元以下罚款
  - 情节恶劣的，处五日以上十日以下拘留

关行为的，应当依法认定为强制猥亵行为。

要点注释

> 行为侵犯的客体是他人的人格尊严，行为在客观方面表现为违背他人意志，使用暴力、威胁或其他手段来猥亵他人，如果对方对于行为人的猥亵行为表示同意，则不是猥亵他人的行为。

拓展适用

《违反公安行政管理行为的名称及其适用意见》
第93条、第94条

案例精析

王某制猥亵案

案号：（2021）京03刑终383号
来源：人民法院案例库 2024-02-1-184-003

裁判要点

医务工作者利用医疗检查情境下被害人不知反抗之机而实施猥亵的，属于《中华人民共和国刑法》第二百三十七条第一款规定的以"其他方法强制猥亵"，依法以强制猥亵罪论处。实践中，需结合在案证据查明医务工作者在诊疗工作中所实施的行为是否属于职责范围内的正常诊疗行为，是否系诊疗所必需的检查手段。对于以追求性刺激为目的，故意明显超出职责范围实施相

第五十三条 【虐待家庭成员，虐待被监护人和被看护人，遗弃被抚养人】

旧（修订前）	新（修订后）
第四十五条 有下列行为之一的，处五日以下拘留或者警告： （一）虐待家庭成员，被虐待人要求处理的； （二）遗弃没有独立生活能力的被扶养人的。	第五十三条 有下列行为之一的，处五日以下拘留或者警告；情节较重的，处五日以上十日以下拘留，可以并处一千元以下罚款： （一）虐待家庭成员，被虐待人或者其监护人要求处理的； （二）对未成年人、老年人、患病的人、残疾人等负有监护、看护职责的人虐待被监护、看护的人的； （三）遗弃没有独立生活能力的被扶养人的。

- 是指经常用打骂、冻饿、禁闭、强迫过度劳动、有病不给治疗等方法，摧残折磨家庭成员，情节尚不恶劣，且不构成刑事犯罪的行为。注意，对此类行为的处罚必须以被虐待人提出处理要求为前提。

- 是指对于年老、年幼、患病或者其他没有独立生活能力的人，负有扶养义务而拒绝扶养的行为。这里的扶养，指广义上的扶养，即包括抚养、赡养及狭义的扶养。

- 是指不具备或者丧失劳动能力，无生活来源而需要他人照顾等情况，包括年老、年幼、患病或者其他没有独立生活能力的人。

◆思维导图

虐待家庭成员，虐待被监护人和被看护人，遗弃被抚养人行为
- 虐待家庭成员，被虐待人或者其监护人要求处理
- 对未成年人、老年人、患病的人、残疾人等负有监护、看护职责的人虐待被监护、看护的人
- 遗弃没有独立生活能力的被扶养人

拓展适用

《中华人民共和国刑法》
第 260 条、第 261 条

案例精析

1. 乐某故意杀人案

案号：（2013）宁少刑初字第 5 号
来源：人民法院案例库 2023-02-1-177-018

裁判要点

具有抚养义务的人"遗弃"没有独立生活能力的婴幼儿，致婴幼儿死亡的，可能触犯遗弃罪或者不作为型的故意杀人罪。遗弃罪与故意杀人罪的主要区别在于，遗弃罪不排除他人对被害人实施救助的可能，而不作为型的故意杀人罪则是对被害人死亡结果持放任态度。行为人故意将婴幼儿留置在与外界完全隔绝的房间，不提供足够维持生命的食物、饮水，外出长期不归，致使婴幼儿死亡，其行为实际上排除了婴幼儿得到其他救助存活的可能，其对幼儿可能造成的死亡后果持放任态度，故应当以故意杀人罪定罪处罚。

2. 郑某、梁某等虐待被看护人案

案号：（2018）长刑初字第 239 号
来源：人民法院案例库 2024-06-1-215-001

裁判要点

看护人员的负责人明知看护人员存在虐待幼儿行为，不履行监管职责，放任虐待后果的发生的，构成虐待被看护人罪。看护人员的负责人是指对看护人员具有聘用、岗位安排、日常管理和监督、考核等职责的人员。看护人员的负责人的看护职责体现为通过招聘任用符合条件的看护人员，并在日常工作中监督管理、教育培训看护人员，看护人员的职责可视为负责人看护职责的延伸。对于未直接实施虐待行为的负责人是否构罪，一般应考虑：一是看护人员的负责人主观上是否明知看护人员实施情节恶劣的虐待行为；二是看护人员的负责人是否具备阻止看护人员实施虐待行为的可能性和能力。

第五十四条 【强迫交易】

旧（修订前）	新（修订后）
第四十六条　强买强卖商品，强迫他人提供服务或者强迫他人接受服务的，处五日以上十日以下拘留，并处二百元以上五百元以下罚款；情节较轻的，处五日以下拘留或者五百元以下罚款。	第五十四条　强买强卖商品，强迫他人提供服务或者强迫他人接受服务的，处五日以上十日以下拘留，并处三千元以上五千元以下罚款；情节较轻的，处五日以下拘留或者一千元以下罚款。

《中华人民共和国刑法》第二百二十六条规定的强迫交易罪包括以下几种行为：（1）强买强卖商品的；（2）强迫他人提供或者接受服务的；（3）强迫他人参与或者退出投标、拍卖的；（4）强迫他人转让或者收购公司、企业的股份、债券或其他资产的；（5）强迫他人参与或者退出特定的经营活动的。

◆ 思维导图

```
                    ┌── 强买强卖商品
强迫交易行为 ───────┼── 强迫他人提供服务
                    └── 强迫他人接受服务
```

要点注释

强迫交易的违反治安管理行为，是指以暴力、威胁手段强买强卖、强迫他人提供服务或者强迫他人接受服务，情节不严重的行为。暴力，是指行为人对被害人的身体实施强制或者殴打，如强拉硬拽、捆绑拘禁等，致使被害人不得不购买或者接受服务。威胁，是指行为人对被害人实施精神上的强制，如以实施暴力相恐吓或者以损害名誉相要挟，致使被害人不得不购买或者接受服务。强迫进行交易的行为，违背了自愿、平等、公平、诚实信用的民事活动基本原则，侵犯了经营者或者消费者的合法权益，扰乱了正常的市场交易秩序，具有严重的社会危害性。

拓展适用

《中华人民共和国刑法》
第 226 条

案例精析

1. 王某、某市公安局某分局公安行政管理案

案号：（2020）鲁03行终183号

来源：中国裁判文书网

裁判要点

关于上诉人王某所提被上诉人李某触犯强迫交易、损毁他人财物、结伙殴打他人三种违法行为理由的问题。《中华人民共和国治安管理处罚法》第四十六条规定是对强迫交易行为的认定及处罚规定，强迫交易行为客观方面表现为以暴力、威胁手段强买强卖商品，强迫他人提供服务或者强迫他人接受服务的，尚不构成刑事处罚的行为。暴力，是指行为人对被侵害人的身体实行强制或者殴打，如强拉硬拽、捆绑、围困、伤害等，致使被侵害人不能或者不敢抗拒，不得不购买或卖出商品，或者不得不接受或提供服务。威胁，是指交易一方对另一方实行精神上的强制，如以实施暴力相恐吓或者以损害名誉相要挟，致使被侵害人出于恐惧不得不购买或出售商品，或者不得不接受或提供服务。本案中，上诉人王某提交的证据并不能证明被上诉人李某实施了符合上述强迫交易情形的行为，因此，上诉人王某要求被上诉人某市公安局某分局追究被上诉人李某强迫交易违法行为的请求不能成立。

2. 陆某等强迫交易案

案号：（2022）苏13刑终141号

来源：人民法院案例库 2023-03-1-170-002

裁判要点

物业工作人员滥用物业管理权，利用管理小区的便利，违背他人意志，采取暴力、威胁手段，强迫他人购买或接受与其合谋的第三人的装修商品或服务，以谋取个人利益，构成强迫交易罪。

物业工作人员滥用物业管理权，与第三人合谋，对从该第三人处购买装修建材或服务的业主采取较为宽松的管理方式，对未在该第三人处购买装修建材或服务的业主采取非常严格的管理方式，使得在第三人处购买商品和服务与在他人处购买所遭受的物业管理存在巨大差距；同时，物业工作人员及第三人采取手段制止业主装修，尽管这些手段没有危及业主生命健康，但具有强制性和暴力性。上述情形足以使业主产生恐惧心理从而选择与其进行交易，物业工作人员的行为已超出物业管理权限，达到"暴力、威胁"程度并对业主形成强制心理作用，属强迫交易行为。

第五十五条 【煽动民族仇恨、民族歧视,刊载民族歧视、侮辱内容】

旧（修订前）	新（修订后）
第四十七条 煽动民族仇恨、民族歧视，或者在出版物、计算机信息网络中刊载民族歧视、侮辱内容的，处十日以上十五日以下拘留，可以并处一千元以下罚款。	第五十五条 煽动民族仇恨、民族歧视，或者在出版物、信息网络中刊载民族歧视、侮辱内容的，处十日以上十五日以下拘留，可以并处三千元以下罚款；情节较轻的，处五日以下拘留或者三千元以下罚款。

根据《互联网上网服务营业场所管理条例》第十四条的规定，互联网上网服务营业场所经营单位和上网消费者不得利用互联网上网服务营业场所制作、下载、复制、查阅、发布、传播或者以其他方式使用含有下列内容的信息……（四）煽动民族仇恨、民族歧视，破坏民族团结，或者侵害民族风俗、习惯的……

思维导图

- 煽动民族仇恨、民族歧视，刊载民族歧视、侮辱内容
  - 煽动民族仇恨、民族歧视
  - 刊载民族歧视、侮辱内容
    - 出版物
    - 信息网络

拓展适用

《中华人民共和国刑法》
第249条、第250条

《互联网上网服务营业场所管理条例》
第14条

第五十六条 【违反规定出售或者提供个人信息，窃取或者非法获取个人信息】

第五十六条 违反国家有关规定，向他人出售或者提供个人信息的，处十日以上十五日以下拘留；情节较轻的，处五日以下拘留。

窃取或者以其他方法非法获取个人信息的，依照前款的规定处罚。

思维导图

对违反规定出售或者提供个人信息、窃取或者非法获取个人信息行为的处罚
- 处十日以上十五日以下拘留
  - 违反国家有关规定，向他人出售或者提供个人信息
  - 窃取或者以其他方法非法获取个人信息
- 处五日以下拘留 —— 情节较轻

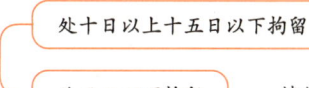

案例精析

熊某等侵犯公民个人信息案

案号：（2021）赣0981刑初376号

来源：最高人民法院指导性案例194号

裁判要点

1. 违反国家有关规定，购买已注册但未使用的微信账号等社交媒体账号，通过具有智能群发、添加好友、建立讨论群组等功能的营销软件，非法制作带有公民个人信息可用于社交活动的微信账号等社交媒体账号出售、提供给他人，情节严重的，属于《中华人民共和国刑法》第二百五十三条之一第一款规定的"违反国家有关规定，向他人出售或者提供公民个人信息"行为，构成侵犯公民个人信息罪。

2. 未经公民本人同意，或未具备具有法律授权等个人信息保护法规定的理由，通过购买、收受、交换等方式获取在一定范围内已公开的公民个人信息进行非法利用，改变了公民公开个人信息的范围、目的和用途，不属于法律规定的合理处理，属于《中华人民共和国刑法》第二百五十三条之一第三款规定的"以其他方法非法获取公民个人信息"行为，情节严重的，构成侵犯公民个人信息罪。

第五十七条 【侵犯通信自由】

旧（修订前）	新（修订后）
第四十八条 冒领、隐匿、毁弃、私自开拆或者非法检查他人邮件的，处五日以下拘留或者五百元以下罚款。	第五十七条 冒领、隐匿、毁弃、倒卖、私自开拆或者非法检查他人邮件、快件的，处警告或者一千元以下罚款；情节较重的，处五日以上十日以下拘留。

▶ 是指假冒他人名义领取邮件的行为。

▶ 是指将他人投寄的邮件秘密隐藏起来，使收件人无法查收的行为。

▶ 是指将他人的邮件予以丢弃、撕毁、焚毁等，致使他人无法查收的行为。

▶ 是指违反国家有关规定，擅自检查他人邮件的行为。

▶ 是指违反国家有关规定，未经投寄人或者收件人的同意，私自开拆他人邮件的行为。

思维导图

侵犯通信自由行为
- 冒领他人邮件、快件
- 隐匿他人邮件、快件
- 毁弃他人邮件、快件
- 倒卖他人邮件、快件
- 私自开拆他人邮件、快件
- 非法检查他人邮件、快件

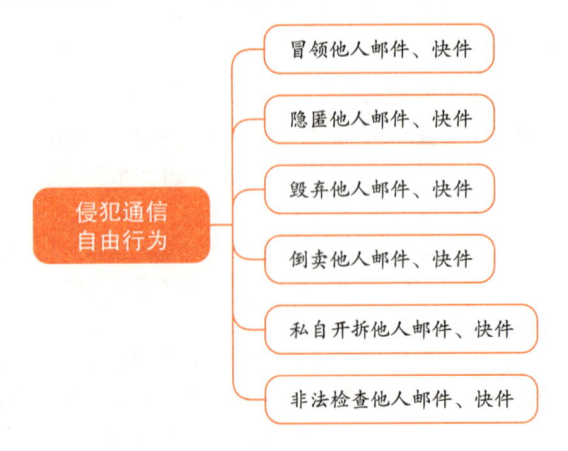

要点注释

本条规定了六种非法侵犯公民通信自由的应当予以处罚的行为。公民的通信自由是宪法规定的一项基本权利，包括通信自由和通信秘密两个方面。如果行为人误将他人的邮件当作自己的邮件拿走，或者误将他人的邮件当作自己的而开拆，或因疏忽大意丢失他人邮件等行为，不属于本条规定的违反治安管理行为。

案例精析

1. 钟某、某市公安局某分局行政复议再审案

案号：（2020）桂行申 766 号

来源：中国裁判文书网

裁判要点

《中华人民共和国治安管理处罚法》第四十八条规定的行为主观上表现为故意。本案中，投递员投递工作存在失误，王某误以为是父亲王某卿的邮件而代收，因邮件收件人字迹不清，王某卿误以为是自己的邮件而拆开，当发现不是自己的邮件时，便委托他人将邮件从门缝塞进申请人钟某的房间。从整个过程来看，王某、王某卿均不存在故意冒领钟某邮件的主观故意，只是由于认识上的错误所致。因此，王某、王某卿的行为不构成违反上述规定的情形。依据《公安机关办理行政案件程序规定》第二百五十九条第一款的规定，被申请人某市公安局某分局经调查后，作出终止调查决定，事实清楚，适用法律正确。

2. 巫某与某县公安局某派出所邮政行政管理案

案号：（2024）闽 04 行终 3 号

来源：中国裁判文书网

裁判要点

《公安机关办理行政案件程序规定》第二百五十九条第一款规定："经过调查，发现行政案件具有下列情形之一的，经公安派出所、县级公安机关办案部门或者出入境边防检查机关以上负责人批准，终止调查：（一）没有违法事实的；（二）违法行为已过追究时效的；（三）违法嫌疑人死亡的；（四）其他需要终止调查的情形。"据此，某县公安局某派出所具有作出终止案件调查决定的法定职权。《中华人民共和国治安管理处罚法》第四十八条规定："冒领、隐匿、毁弃、私自开拆或者非法检查他人邮件的，处五日以下拘留或者五百元以下罚款。"本案中，根据某县某村民委员会出具的《证明》，某店铺是某村的村邮站及无偿代收点，因此，巫某 1 代收邮件具有正当事由，不属于冒领他人邮件。同时，巫某 1 开设的店铺属于对外营业、人员流动的开放场所，某店铺领取邮件，存在他人误领巫某邮件等可能，并且巫某在原审提交的证据并不能直接证明巫某 1 有隐匿、毁弃、私自开拆或者非法检查巫某邮件的行为。综上，在案证据不足以证明巫某 1 违反《中华人民共和国治安管理处罚法》第四十八条规定，冒领、隐匿、毁弃、私自开拆或者非法检查他人邮件。某县公安局某派出所接到巫某报警后及时受案登记，在向相关人员调查后认定本案没有违法事实，并报经所长批准根据《公安机关办理行政案件程序规定》第二百五十九条第一款规定作出《终止案件调查决定书》，决定终止调查，认定事实清楚，适用法律正确，符合法定程序，并无不当。

第五十八条 【盗窃、诈骗、哄抢、抢夺、敲诈勒索】

旧（修订前）	新（修订后）
第四十九条 盗窃、诈骗、哄抢、抢夺、敲诈勒索或者故意损毁公私财物的，处五日以上十日以下拘留，可以并处五百元以下罚款；情节较重的，处十日以上十五日以下拘留，可以并处一千元以下罚款。	第五十八条 盗窃、诈骗、哄抢、抢夺或者敲诈勒索的，处五日以上十日以下拘留或者二千元以下罚款；情节较重的，处十日以上十五日以下拘留，可以并处三千元以下罚款。

- 盗窃：是指以非法占有为目的，秘密窃取少量公私财物，尚不构成刑事处罚的行为。
- 诈骗：是指以非法占有为目的，趁乱夺取少量公私财物，尚不够刑事处罚的行为。
- 哄抢/抢夺：是指以非法占有为目的，公然夺取公私财物的行为。
- 敲诈勒索：是指以非法占有为目的，对公私财物的所有人、管理人使用威胁或要挟的方法，勒索少量公私财物，尚不够刑事犯罪的行为。

思维导图

行为类型
- 盗窃
- 诈骗
- 哄抢
- 抢夺
- 敲诈勒索

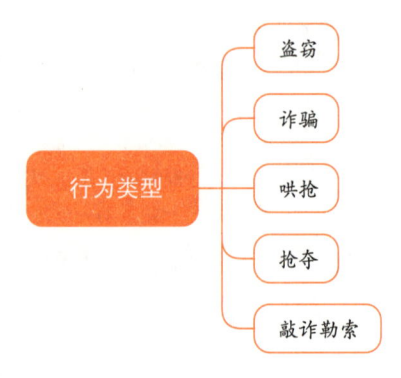

拓展适用

《中华人民共和国刑法》
第 263 条至第 267 条、第 274 条、第 275 条

《违反公安行政管理行为的名称及其适用意见》
第 101 条至第 106 条

案例精析

1. 何某诉某市公安局某分局公安行政管理再审案

案号：（2020）辽行申 941 号

来源：中国裁判文书网

裁判要点

本案的焦点问题是申请人某市公安局某分局依据《中华人民共和国治安管理处罚法》第四十九条之规定对被申请人进行治安处罚是否属于适用法律错误。第一，被申请人何某系某西木材市场的经营者，具有进入该市场的通行权。该市场物业某铁公司认为何某有欠缴相关费用的行为，应通过司法途径依法维护企业的合法权益，而无权采取强行阻碍通行的方式予以解决，因此，在何某骑行三轮车进入该市场时，该市场物业某铁公司所设置的门卫不应阻止何某进入，故市场物业某铁公司有过错在先。第二，在门卫阻止何某进入该市场时，何某应该首先进行报警，请求申请人某市公安局某分局依法解决，但是，警察出警后没有及时依法阻止某铁公司侵害何某通行权的行为，而是采取"和稀泥"的方法让双方协商解决，这也是使矛盾激化的原因之一。第三，何某尽管有通行权，尽管在报警后纠纷依然未得到及时解决，但也应对闯杆进入市场对财产（包括对阻车杆和三轮车）可能造成的损害后果有明确的判断和认知，因此，也具有过错。但综合以上事实，二审法院确认何某的行为应当认定为情节特别轻微，不予处罚，并无不当，申请人某市公安局某分局直接依据《中华人民共和国治安管理处罚法》第四十九条之规定进行治安处罚确属适用法律错误，而应依据该法第十九条第一项之规定，不予处罚。

2. 刘某等敲诈勒索案

案号：（2019）京 03 刑终 73 号

来源：人民法院案例库 2023-03-1-229-002

裁判要点

由于"黑中介"采取了交易的伪装形式，使被害人先给付财产，其中部分敲诈勒索行为是通过强迫对方缴纳额外费用的方式实现，还有部分敲诈勒索行为则是通过不退还多余租金的方式实现。被害人遭受威胁搬离出租屋后，被告人不退还的剩余租金，是典型的不当得利，被害人对于这部分的财产依法享有不当得利返还请求权，但基于被告人的胁迫、恐吓行为，被害人处分财产的方式是放弃自己的不当得利返还请求权，仍然是处分了自己财产并造成财产损失，故被告人构成敲诈勒索罪。

第五十九条 【故意损毁公私财物】

旧（修订前）	新（修订后）
第四十九条　盗窃、诈骗、哄抢、抢夺、敲诈勒索或者故意损毁公私财物的，处五日以上十日以下拘留，可以并处五百元以下罚款；情节较重的，处十日以上十五日以下拘留，可以并处一千元以下罚款。	第五十九条　故意损毁公私财物的，处五日以下拘留或者一千元以下罚款；情节较重的，处五日以上十日以下拘留，可以并处三千元以下罚款。

▶是指使物品部分或全部丧失其价值或使用价值。损毁公私财物的方法多种多样。

思维导图

对故意损毁公私财物行为的处罚
- 故意损毁公私财物 —— 处五日以下拘留或者一千元以下罚款
- 情节较重
  - 处五日以上十日以下拘留
  - 可以并处三千元以下罚款

要点注释

本条是指故意非法损毁公私财物，情节轻微，尚不够刑事处罚的行为。故意损毁公私财物行为，必须达到数额较大或有其他严重情节的才构成犯罪。

拓展适用

《中华人民共和国刑法》
第263条至第267条、第274条、第275条

《违反公安行政管理行为的名称及其适用意见》
第101条至第106条

案例精析

1. 孔某某寻衅滋事案

案号：（2018）京02刑终668号

来源：人民法院案例库2023-05-1-269-002

裁判要点

故意毁坏财物罪主观目的仅为毁损财物，侵犯的客体也就是财产的所有权，没有对社会管理秩序造成破坏。而寻衅滋事的犯罪动机多是基于某种扭曲的心理，为发泄负面的情绪而对不特定的对象实施的行为。

行为人针对特定人和物实施报复，主观上并没有寻求精神刺激、填补精神空虚、发泄不良情绪等一般的寻衅滋事罪所要求的心态，不宜认定为寻衅滋事罪。

2. 王某艳寻衅滋事案

案号：（2024）鲁13刑终97号

来源：人民法院案例2025-05-1-269-002

裁判要点

行为人实施"故意损毁公私财物"行为，同时符合寻衅滋事罪和故意毁坏财物罪的构成要件的，依照处罚较重的犯罪定罪处罚。对于行为人为寻求刺激、发泄情绪、逞强耍横、无事生非而故意毁损公私财物的，以寻衅滋事罪论处。

第六十条 【对学生欺凌的处理】

第六十条 以殴打、侮辱、恐吓等方式实施学生欺凌，违反治安管理的，公安机关应当依照本法、《中华人民共和国预防未成年人犯罪法》的规定，给予治安管理处罚、采取相应矫治教育等措施。

学校违反有关法律法规规定，明知发生严重的学生欺凌或者明知发生其他侵害未成年学生的犯罪，不按规定报告或者处置的，责令改正，对其直接负责的主管人员和其他直接责任人员，建议有关部门依法予以处分。

要点注释

根据《中华人民共和国预防未成年人犯罪法》第二十条的规定，教育行政部门应当会同有关部门建立学生欺凌防控制度。学校应当加强日常安全管理，完善学生欺凌发现和处置的工作流程，严格排查并及时消除可能导致学生欺凌行为的各种隐患。第三十三条规定，未成年学生偷窃少量财物，或者有殴打、辱骂、恐吓、强行索要财物等学生欺凌行为，情节轻微的，可以由学校依照本法第三十一条规定采取相应的管理教育措施。

拓展适用

《中华人民共和国预防未成年人犯罪法》
第 20 条、第 31 条、第 33 条

案例精析

1. 朱某等寻衅滋事案

案号：（2017）京 02 刑终 693 号
来源：人民法院案例库 2023-02-1-269-003

裁判要点

身体攻击和语言攻击是校园欺凌的两种典型表现形式。校园欺凌者随意殴打、辱骂他人，造成他人轻微伤，虽不构成故意伤害罪，但情节恶劣，破坏社会秩序的，构成寻衅滋事罪。

2. 高某等故意伤害、强奸案

来源：人民法院案例库 2023-04-1-179-014

裁判要点

全部成员或者首要分子、纠集者以及其他重要成员均为未成年人的，认定恶势力时应当特别慎重。对纠集在一起的时间明显

较短，难以体现违法犯罪的持续性、稳定性，虽为实施性质较为恶劣的校园欺凌引发的违法犯罪活动，但综合考虑被侵害对象及数量、违法犯罪次数、手段、规模、人身损害后果和引起社会秩序混乱的程度以及对人民群众安全感的影响程度等因素，尚不属于"为非作歹，欺压百姓"的，不应认定为恶势力犯罪。

3. 张小某诉蒋小某、某中学等健康权纠纷案

来源：最高法发布涉校园管理民事纠纷典型案例之案例三[①]

基本案情

张小某、蒋小某、王小某均系某中学八年级学生。某日课间休息时，蒋小某与王小某发生口角争执，蒋小某将王小某击倒在地后又骑坐在王小某脖颈处，持续用拳击打王小某。张小某路过此处，见一旁的教师休息室内没有班主任老师，便自行上前试图将蒋小某拉离。蒋小某突然回身，挥拳击中张小某左眼。后，某中学将张小某送至医院救治。经鉴定，张小某左眼外伤，构成人体损伤十级残疾。张小某诉至人民法院，要求蒋小某及其父母、某中学赔偿损失共计21万余元。

裁判结果

审理法院认为，本案侵害事实由蒋小某直接导致。事发时，蒋小某作为一名八年级学生，应当具备一定的辨别是非和控制情绪的能力，但却在课间对同学实施殴打，并对出面劝阻的张小某挥拳相向，行为冲动，不计后果，对损害事实的发生具有主要过错，因蒋小某系未成年人，故由其监护人承担侵权责任。张小某面对校园暴力，能够出手制止，帮助同学，不仅并无过错，还应予以褒扬。蒋小某因琐事在课间休息期间殴打同学，该殴打行为持续期间，有数名学生围观，未有教师发现并予以劝阻。某中学作为专业的教育机构，没有针对本校学生的具体情况，对课间加以必要的严格管理，也没有密切关注学生动态，没有做到及时发现和防止学生间的冲突加剧，以致发生本案的后果，故某中学在履行教育管理职责时存在不足，亦应对本案的后果承担一定的责任。

综合当事人的过错程度、致害原因及本案实际情况，判决蒋小某父母承担70%的赔偿责任，某中学承担30%的赔偿责任。

典型意义

校园暴力行为会对未成年人身心健康造成严重伤害，学校作为防控校园暴力的重要一方，需建立严格的监督和反馈机制，遏制校园暴力事件的发生。本案中，学校未及时发现并制止发生在学校走廊的殴打行为，学校的安保措施存有漏洞，应当视为学校未尽到教育、管理职责，对于受害方遭受的各项损失，学校需要承担与其过错相适应的赔偿责任。本案通过司法裁判，进一步明晰了学校在校园暴力事件中的责任边界，督促学校建立有效的校园暴力防控机制。同时，对未成年人制止校园暴力的行为予以正面评价，体现守望相助的价值导向。

[①] 《最高法发布涉校园管理民事纠纷典型案例》，载最高人民法院网站，https://www.court.gov.cn/zixun/xiangqing/463111.html，2025年6月27日访问。

第四节 妨害社会管理的行为和处罚

第六十一条 【阻碍依法执行公务】

旧（修订前）	新（修订后）
第五十条 有下列行为之一的，处警告或者二百元以下罚款；情节严重的，处五日以上十日以下拘留，可以并处五百元以下罚款： （一）拒不执行人民政府在紧急状态情况下依法发布的决定、命令的； （二）阻碍国家机关工作人员依法执行职务的； （三）阻碍执行紧急任务的消防车、救护车、工程抢险车、警车等车辆通行的； （四）强行冲闯公安机关设置的警戒带、警戒区的。 阻碍人民警察依法执行职务的，从重处罚。	第六十一条 有下列行为之一的，处警告或者五百元以下罚款；情节严重的，处五日以上十日以下拘留，可以并处一千元以下罚款： （一）拒不执行人民政府在紧急状态情况下依法发布的决定、命令的； （二）阻碍国家机关工作人员依法执行职务的； （三）阻碍执行紧急任务的消防车、救护车、工程抢险车、警车或者执行上述紧急任务的专用船舶通行的； （四）强行冲闯公安机关设置的警戒带、警戒区或者检查点的。 阻碍人民警察依法执行职务的，从重处罚。

▶ 是指发生或者即将发生特别重大突发事件，需要国家机关行使紧急权力予以控制、消除其社会危害和威胁时，有关国家机关按照宪法、法律规定的权限决定并宣布局部地区或者全国实行的一种临时性的严重危急状态。

▶ 国家机关工作人员依法执行职务，是指国家立法机关、行政机关以及司法机关等单位的工作人员，依照法律规定，执行职务。如人民警察维护道路交通秩序，依法对犯罪嫌疑人进行逮捕，税务机关的工作人员依法征税等行为。

▶ 根据《中华人民共和国道路交通安全法》第五十三条的规定，警车、消防车、救护车、工程救险车执行紧急任务时，可以使用警报器、标志灯具；在确保安全的前提下，不受行驶路线、行驶方向、行驶速度和信号灯的限制，其他车辆和行人应当让行。
警车、消防车、救护车、工程救险车非执行紧急任务时，不得使用警报器、标志灯具，不享有前款规定的道路优先通行权。

要点注释

依据我国有关法律法规，消防车、救护车、工程抢险车、警车或者执行上述紧急任务的专用船舶在执行紧急任务的过程中享有优先通行权，其目的就是最大限度地挽回人民群众的损失，保障人民群众的合法权益。

拓展适用

《中华人民共和国刑法》

第 277 条

《违反公安行政管理行为的名称及其适用意见》

第 107 条至第 110 条

案例精析

周某妨害公务案

案号：（2010）锡刑终字第 71 号

来源：人民法院案例库 2023-05-1-233-001

裁判要点

以放火的方式实现其他犯罪目的的行为属牵连犯，处理原则是择一重罪论处，但适用该原则应以一行为触犯数个罪名为前提，即该行为须同时符合数罪的构成要件。放火罪是刑事犯罪中社会危害性极大的一类犯罪，在量刑上与妨害公务罪差距较大，在实践中对此类案件的认定应当慎重。若投掷点燃汽油瓶的行为明确指向在场执行公务的行政机关工作人员这一特定对象，且在当时的客观环境下尚不足以产生危害公共安全的结果，不构成放火罪；该行为没有造成重伤后果，也不构成故意伤害罪，应以妨害公务罪定罪处罚。

第六十二条 【招摇撞骗】

旧（修订前）	新（修订后）
第五十一条　冒充国家机关工作人员或者以其他虚假身份招摇撞骗的，处五日以上十日以下拘留，可以并处五百元以下罚款；情节较轻的，处五日以下拘留或者五百元以下罚款。 冒充军警人员招摇撞骗的，从重处罚。	第六十二条　冒充国家机关工作人员招摇撞骗的，处十日以上十五日以下拘留，可以并处一千元以下罚款；情节较轻的，处五日以上十日以下拘留。 冒充军警人员招摇撞骗的，从重处罚。 盗用、冒用个人、组织的身份、名义或者以其他虚假身份招摇撞骗的，处五日以下拘留或者一千元以下罚款；情节较重的，处五日以上十日以下拘留，可以并处一千元以下罚款。

根据《中华人民共和国刑法》第九十三条的规定，国家工作人员，是指国家机关中从事公务的人员。国有公司、企业、事业单位、人民团体中从事公务的人员和国家机关、国有公司、企业、事业单位委派到非国有公司、企业、事业单位、社会团体从事公务的人员，以及其他依照法律从事公务的人员，以国家工作人员论。

◆思维导图

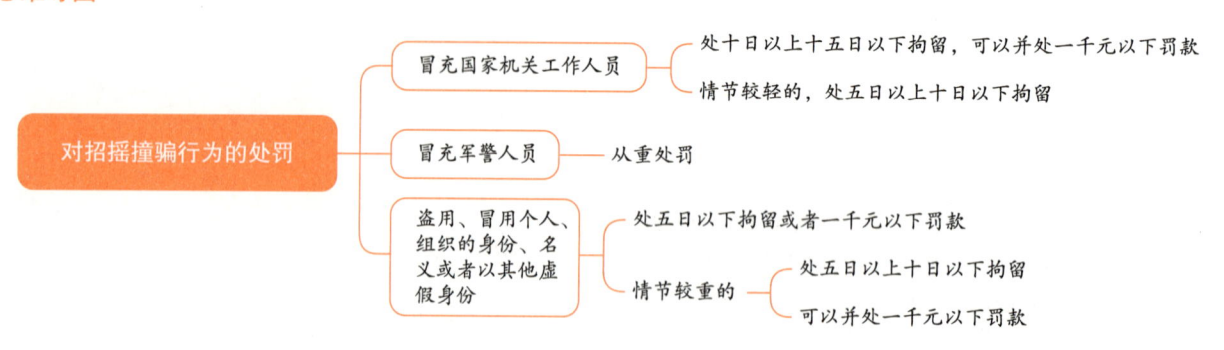

对招摇撞骗行为的处罚
- 冒充国家机关工作人员
  - 处十日以上十五日以下拘留，可以并处一千元以下罚款
  - 情节较轻的，处五日以上十日以下拘留
- 冒充军警人员——从重处罚
- 盗用、冒用个人、组织的身份、名义或者以其他虚假身份
  - 处五日以下拘留或者一千元以下罚款
  - 情节较重的
    - 处五日以上十日以下拘留
    - 可以并处一千元以下罚款

要点注释

冒充国家机关工作人员的"冒充"包括两种情况：一是指行为人本身并不具备国家机关工作人员的身份，而是通过一定的方式，以国家机关工作人员的名义对外开展活动。该特定的方式可以包括口头宣称自己是国家机关工作人员；或者通过伪造、变造有关公文、身份证件以及其他证明文件等方式，证明自己是国家机关工作人员。二是行为人本身是国家机关工作人员，但是其冒充其他国家机关工作人员的身份或者职位，尤其是冒充比其本人身份或者职位更高或者更重要的国家机关工作人员。"以其他虚假身份招摇撞骗"是指除冒充国家机关工作人员的情形外，行为人还借助其他虚假的身份来实施招摇撞骗的行为。

充国家机关工作人员的手段致使人民群众以为不法行为是国家机关工作人员所为，因而直接破坏了国家机关的威信及其正常的活动，这也是招摇撞骗罪的实质危害所在。判断冒充虚构的国家机关工作人员招摇撞骗是否构成犯罪时，需要考察行为人是否侵犯了国家机关的信誉，危害一般民众对真实国家机关及工作人员的信任以及是否侵犯了国家机关的形象和正常的秩序。招摇撞骗罪与诈骗罪侵犯的法益不同，二者存在交叉竞合关系，应同时结合在案的证据，判断行为人能够达到诈骗的程度，全面评价法益侵害性，择一重罪处罚。冒充虚构的国家机关工作人员，足以使一般人信以为真，应当视为冒充国家机关工作人员。招摇撞骗罪是结果犯，招摇撞骗行为对国家机关形象及正常工作秩序造成损害，无论行为人是否实际获得目标非法利益，即构成既遂。

案例精析

陈某科等招摇撞骗案

案号：（2021）京03刑终357号
来源：人民法院案例库 2023-03-1-236-001

裁判要旨

行为人冒充国家机关工作人员身份实施招摇撞骗的行为，其本质在于行为人利用国家机关工作人员身份或职权，欺骗一般大众对国家机关及工作人员管理职权的信赖，行为人采用的是冒

第六十三条 【伪造、变造、买卖、出租、出借公文、证件、证明文件、印章,伪造、变造、倒卖有价票证、船舶户牌等】

旧(修订前)	新(修订后)
第五十二条 有下列行为之一的,处十日以上十五日以下拘留,可以并处一千元以下罚款;情节较轻的,处五日以上十日以下拘留,可以并处五百元以下罚款: (一)伪造、变造或者买卖国家机关、人民团体、企业、事业单位或者其他组织的公文、证件、证明文件、印章的; (二)买卖或者使用伪造、变造的国家机关、人民团体、企业、事业单位或者其他组织的公文、证件、证明文件的; (三)伪造、变造、倒卖车票、船票、航空客票、文艺演出票、体育比赛入场券或者其他有价票证、凭证的; (四)伪造、变造船舶户牌,买卖或者使用伪造、变造的船舶户牌,或者涂改船舶发动机号码的。	第六十三条 有下列行为之一的,处十日以上十五日以下拘留,可以并处五千元以下罚款;情节较轻的,处五日以上十日以下拘留,可以并处三千元以下罚款: (一)伪造、变造或者买卖国家机关、人民团体、企业、事业单位或者其他组织的公文、证件、证明文件、印章的; (二)出租、出借国家机关、人民团体、企业、事业单位或者其他组织的公文、证件、证明文件、印章供他人非法使用的; (三)买卖或者使用伪造、变造的国家机关、人民团体、企业、事业单位或者其他组织的公文、证件、证明文件、印章的; (四)伪造、变造或者倒卖车票、船票、航空客票、文艺演出票、体育比赛入场券或者其他有价票证、凭证的; (五)伪造、变造船舶户牌,买卖或者使用伪造、变造的船舶户牌,或者涂改船舶发动机号码的。

► 是指无权制作公文、证件、证明文件、印章、有价票证、凭证、船舶户牌的人,非法制作国家机关、人民团体、企业、事业单位或者其他组织的公文、证件、证明文件、印章、有价票证、凭证、船舶户牌的行为。

► 是指采用涂改、擦消、拼接等方法,对真实合法的公文、证件、证明文件、印章、有价票证、凭证、船舶户牌等进行改造,变更其原来真实内容的行为。

► 是指为了某种目的,非法购买或销售国家机关、人民团体、企业、事业单位或者其他组织的公文、证件、证明文件、印章、有价票证、凭证、船舶户牌的行为。

要点注释

《中华人民共和国刑法修正案（九）》将《中华人民共和国刑法》第二百八十条修改为："伪造、变造、买卖或者盗窃、抢夺、毁灭国家机关的公文、证件、印章的，处三年以下有期徒刑、拘役、管制或者剥夺政治权利，并处罚金；情节严重的，处三年以上十年以下有期徒刑，并处罚金。伪造公司、企业、事业单位、人民团体的印章的，处三年以下有期徒刑、拘役、管制或者剥夺政治权利，并处罚金。伪造、变造、买卖居民身份证、护照、社会保障卡、驾驶证等依法可以用于证明身份的证件的，处三年以下有期徒刑、拘役、管制或者剥夺政治权利，并处罚金；情节严重的，处三年以上七年以下有期徒刑，并处罚金"之后，伪造驾驶证、社会保障卡等也依法入罪，需注意区分治安管理处罚行为和犯罪行为。

拓展适用

《中华人民共和国刑法》
　　第 227 条、第 280 条

案例精析

谭某甲与某县公安局、某县人民政府行政拘留案

案号：（2024）鄂 28 行终 152 号
来源：中国裁判文书网

裁判要点

本案中，谭某甲对其伪造教育部文件并将文件作为诉求的附件材料发送到国家信访局、湖北省信访局等信访平台的事实予以认可，其行为虽经某县人民检察院审查认为情节显著轻微，不构成刑事犯罪，但其扰乱了信访秩序，给社会治安造成了一定影响，在行政违法层面上并不属于情节轻微，而属于一般违法情节，故公安机关依据《中华人民共和国治安管理处罚法》第五十二条第一项之规定对谭某甲作出行政拘留十日的行政处罚并无不当。

第六十四条 【船舶擅自进入、停靠国家禁止、限制进入的水域或者岛屿】

旧（修订前）	新（修订后）
第五十三条 船舶擅自进入、停靠国家禁止、限制进入的水域或者岛屿的，对船舶负责人及有关责任人员处五百元以上一千元以下罚款；情节严重的，处五日以下拘留，并处五百元以上一千元以下罚款。	**第六十四条** 船舶擅自进入、停靠国家禁止、限制进入的水域或者岛屿的，对船舶负责人及有关责任人员处一千元以上二千元以下罚款；情节严重的，处五日以下拘留，可以并处二千元以下罚款。

◆ 思维导图

船舶擅自进入、停靠国家禁止、限制进入的水域或者岛屿行为的处罚
- 对船舶负责人及有关责任人员处一千元以上二千元以下罚款
- 处五日以下拘留，可以并处二千元以下罚款 —— 情节严重的

拓展适用

《违反公安行政管理行为的名称及其适用意见》
第118条

第六十五条　【社会组织非法活动，擅自经营需公安许可行业】

旧（修订前）	新（修订后）
第五十四条　有下列行为之一的，处十日以上十五日以下拘留，并处五百元以上一千元以下罚款；情节较轻的，处五日以下拘留或者五百元以下罚款： （一）违反国家规定，未经注册登记，以社会团体名义进行活动，被取缔后，仍进行活动的； （二）被依法撤销登记的社会团体，仍以社会团体名义进行活动的； （三）未经许可，擅自经营按照国家规定需要由公安机关许可的行业的。 有前款第三项行为的，予以取缔。 取得公安机关许可的经营者，违反国家有关管理规定，情节严重的，公安机关可以吊销许可证。	第六十五条　有下列行为之一的，处十日以上十五日以下拘留，可以并处五千元以下罚款；情节较轻的，处五日以上十日以下拘留或者一千元以上三千元以下罚款： （一）违反国家规定，未经注册登记，以社会团体、基金会、社会服务机构等社会组织名义进行活动，被取缔后，仍进行活动的； （二）被依法撤销登记或者吊销登记证书的社会团体、基金会、社会服务机构等社会组织，仍以原社会组织名义进行活动的； （三）未经许可，擅自经营按照国家规定需要由公安机关许可的行业的。 有前款第三项行为的，予以取缔。被取缔一年以内又实施的，处十日以上十五日以下拘留，并处三千元以上五千元以下罚款。 取得公安机关许可的经营者，违反国家有关管理规定，情节严重的，公安机关可以吊销许可证件。

根据《社会团体登记管理条例》第二条的规定，社会团体，是指中国公民自愿组成，为实现会员共同意愿，按照其章程开展活动的非营利性社会组织。国家机关以外的组织可以作为单位会员加入社会团体。

拓展适用

《社会团体登记管理条例》
　　第32条

《违反公安行政管理行为的名称及其适用意见》
　　第119条至第121条

第六十六条 【煽动、策划非法集会、游行、示威】

旧（修订前）	新（修订后）
第五十五条 煽动、策划非法集会、游行、示威，不听劝阻的，处十日以上十五日以下拘留。	**第六十六条** 煽动、策划非法集会、游行、示威，不听劝阻的，处十日以上十五日以下拘留。

思维导图

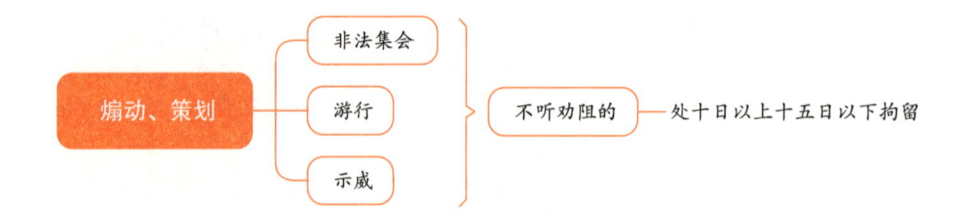

煽动、策划 → 非法集会 / 游行 / 示威 → 不听劝阻的 → 处十日以上十五日以下拘留

要点注释

本条中，非法集会、游行、示威活动，主要是指违反《中华人民共和国集会游行示威法》的有关规定举行的集会、游行、示威活动，包括未经批准组织的集会、游行、示威活动以及在集会、游行、示威活动过程中，出现违反法律、法规规定的过激行为，包括借助集会、游行、示威活动之机，打、砸、抢夺公私财物，侵害他人的人身财产权利或者有其他破坏社会秩序的行为。

拓展适用

《中华人民共和国集会游行示威法》
第7条、第12条

案例精析

沈某与某市公安局某分局行政处罚案

案号：（2016）陕 01 行终 398 号
来源：中国裁判文书网

裁判要点

《信访条例》[①]第九条规定，各级人民政府、县级以上人民政府工作部门应当向社会公布信访工作机构的通信地址、电子信箱、投诉电话、信访接待的时间和地点、查询信访事项处理进展及结果的方式等相关事项。该条例第十六条规定，信访人采用走访形式提出信访事项，应当向依法有权处理的本级或者上一级机关提出；信访事项已经受理或者正在办理的，信访人在规定期间内向受理、办理机关的上级机关再提出同一信访事项的，该上级机关不予受理。第十八条规定，信访人采用走访形式提出信访事项的，应当到有关机关设立或者指定的接待场所。多人采用走访形式提出共同的信访事项的，应当推选代表，代表人数不得超过 5 人。本案中，沈某在其一百人的手机聊天软件群聊内转发内容涉及煽动、策划信访和筹集路费等事宜的信息，该信息内容对召集多人信访具有一定的煽动性，且有策划信访相关事宜，其传播的范围直接针对的是该群一百名成员，影响较大。沈某的行为已经构成煽动、策划非法集会、游行、示威。8 月 30 日，某市公安局某分局以沈某通过手机聊天软件发布煽动、策划信访信息的违法行为，决定给予沈某行政拘留十日的行政处罚。某市公安局某分局同日向沈某制作了行政处罚告知笔录，并向沈某送达了《行政处罚决定书》。某市公安局某分局据此对其作出拘留十日的行政处罚事实清楚，证据确凿，适用法律、法规正确，符合法定程序。

[①] 2022 年 2 月 25 日，中共中央、国务院发布《信访工作条例》。

第六十七条 【旅馆业工作人员违反治安管理规定】

旧（修订前）	新（修订后）
第五十六条　旅馆业的工作人员对住宿的旅客不按规定登记姓名、身份证件种类和号码的，或者明知住宿的旅客将危险物质带入旅馆，不予制止的，处二百元以上五百元以下罚款。 旅馆业的工作人员明知住宿的旅客是犯罪嫌疑人员或者被公安机关通缉的人员，不向公安机关报告的，处二百元以上五百元以下罚款；情节严重的，处五日以下拘留，可以并处五百元以下罚款。	第六十七条　从事旅馆业经营活动不按规定登记住宿人员姓名、有效身份证件种类和号码等信息的，或者为身份不明、拒绝登记身份信息的人提供住宿服务的，对其直接负责的主管人员和其他直接责任人员处五百元以上一千元以下罚款；情节较轻的，处警告或者五百元以下罚款。 实施前款行为，妨害反恐怖主义工作进行，违反《中华人民共和国反恐怖主义法》规定的，依照其规定处罚。 从事旅馆业经营活动有下列行为之一的，对其直接负责的主管人员和其他直接责任人员处一千元以上三千元以下罚款；情节严重的，处五日以下拘留，可以并处三千元以上五千元以下罚款： （一）明知住宿人员违反规定将危险物质带入住宿区域，不予制止的； （二）明知住宿人员是犯罪嫌疑人员或者被公安机关通缉的人员，不向公安机关报告的； （三）明知住宿人员利用旅馆实施犯罪活动，不向公安机关报告的。

要点注释

旅馆接待旅客住宿必须登记。登记时，应当查验旅客的身份证件，按规定的项目如实登记。登记的内容包括旅客的姓名、身份证件种类和号码。此外，根据《旅馆业治安管理办法》第九条的规定，旅馆工作人员发现违法犯罪分子，形迹可疑的人员和被公安机关通缉的罪犯，应当立即向当地公安机关报告，不得知情不报或隐瞒包庇。这是旅馆业工作人员的义务，违反此义务的应当接受处罚。

🔺 思维导图

```
                              ┌─ 不按规定登记住宿人员姓名、有效身份证件种类和 ┐  情节较轻的，
                ┌─ 处五百元以上一 ─┤   号码等信息                              ├─ 处警告或者五
                │   千元以下罚款  └─ 为身份不明、拒绝登记身份信息的人提供住宿服务 ┘  百元以下罚款
旅馆业工作
人员违反治 ──┤
安管理规定      │                ┌─ 明知住宿人员违反规定将危险物质带入住宿区域，不予制止 ┐ 情节严重的，
行为的处罚      │                │                                                    │ 处五日以下
                └─ 处一千元以上三 ─┤ 明知住宿人员是犯罪嫌疑人员或者被公                  │ 拘留，可以
                    千元以下罚款  │   安机关通缉的人员，不向公安机关报告                ├─ 并处三千元
                                 └─ 明知住宿人员利用旅馆实施犯罪活动，不向公安机关报告 ┘ 以上五千元
                                                                                       以下罚款
```

拓展适用

《旅馆业治安管理办法》

《违反公安行政管理行为的名称及其适用意见》第 123 条至第 125 条

案例精析

胡某等人包庇毒品犯罪分子、窝藏案

案号：（2021）川 01 刑终 700 号

来源：人民法院案例库 2024-06-1-358-001

裁判要点

包庇毒品犯罪分子罪，是指明知是走私、贩卖、运输、制造毒品的毒品犯罪分子，而为其作假证明包庇的行为。适用该罪名时应注意以下几点：（1）被告人的行为必须是包庇行为。如上所述，窝藏和包庇行为有明确的区分标准。（2）被包庇对象必须是犯走私、贩卖、运输、制造毒品的犯罪分子。该罪名仅适用犯走私、贩卖、运输、制造毒品的犯罪分子，并非所有的毒品犯罪分子，如被包庇对象犯的是非法持有毒品罪时就不可适用。（3）被告人必须明知被包庇对象犯走私、贩卖、运输、制造毒品罪。即便上述（1）（2）两个要件都满足，要适用包庇毒品犯罪分子罪，还要判断被告人的主观要件是否成立、是否具有主观明知心态。司法实践中，包庇人通常不会承认自己包庇的事实，最常见的辩解是不知道被包庇对象犯了法。这种情形下，需要根据案件的证据材料来综合判断被告人主观上是否明知，以及明知的内容是明知被包庇对象是毒品犯罪分子，还是仅概括明知被包庇对象是刑事犯罪人。

第六十八条 【房屋出租人违反治安管理规定】

旧（修订前）	新（修订后）
第五十七条 房屋出租人将房屋出租给无身份证件的人居住的，或者不按规定登记承租人姓名、身份证件种类和号码的，处二百元以上五百元以下罚款。 房屋出租人明知承租人利用出租房屋进行犯罪活动，不向公安机关报告的，处二百元以上五百元以下罚款；情节严重的，处五日以下拘留，可以并处五百元以下罚款。	**第六十八条** 房屋出租人将房屋出租给身份不明、拒绝登记身份信息的人的，或者不按规定登记承租人姓名、有效身份证件种类和号码等信息的，处五百元以上一千元以下罚款；情节较轻的，处警告或者五百元以下罚款。 房屋出租人明知承租人利用出租房屋实施犯罪活动，不向公安机关报告的，处一千元以上三千元以下罚款；情节严重的，处五日以下拘留，可以并处三千元以上五千元以下罚款。

> 房屋出租人的治安责任：（1）不准将房屋出租给无合法有效证件的承租人；（2）与承租人签订租赁合同，承租人是外来暂住人员的，应当带领其到公安派出所申报暂住户口登记，并办理暂住证；（3）对承租人的姓名、性别、年龄、常住户口所在地、职业或者主要经济来源、服务处所等基本情况进行登记并向公安派出所备案；（4）发现承租人有违法犯罪活动或者有违法犯罪嫌疑的，应当及时报告公安机关；（5）对出租的房屋经常进行安全检查，及时发现和排除不安全隐患，保障承租人的居住安全；（6）房屋停止租赁的，应当到公安派出所办理注销手续；（7）房屋出租单位或者个人委托代理人管理出租房屋的，代理人必须遵守有关规定，承担相应责任。

根据《中华人民共和国城市房地产管理法》第五十四条的规定，房屋租赁，出租人和承租人应当签订书面租赁合同，约定租赁期限、租赁用途、租赁价格、修缮责任等条款，以及双方的其他权利和义务，并向房产管理部门登记备案。

思维导图

房屋出租人违反治安管理规定

- 处五百元以上一千元以下罚款
  - 房屋出租人将房屋出租给身份不明、拒绝登记身份信息的人
  - 不按规定登记承租人姓名、有效身份证件种类和号码等信息
- 处警告或者五百元以下罚款 —— 情节较轻
- 处一千元以上三千元以下罚款 —— 房屋出租人明知承租人利用出租房屋实施犯罪活动，不向公安机关报告
- 处五日以下拘留，可以并处三千元以上五千元以下罚款。 —— 情节严重

要点注释

根据《租赁房屋治安管理规定》，房屋出租人承担以下义务：（1）不准将房屋出租给无合法有效证件的承租人；（2）必须准确登记承租人身份证件种类和号码；（3）明知承租人是利用出租房屋进行犯罪活动的，必须向公安机关报告。本条即依据此规定的违法出租房屋的行为。

拓展适用

《租赁房屋治安管理规定》

《中华人民共和国城市房地产管理法》

第 54 条

案例精析

牟某、王某容留卖淫案

案号：（2023）鲁 02 刑终 42 号

来源：人民法院案例库 2024-02-1-371-001

裁判要点

容留卖淫，是指为卖淫人员从事卖淫活动提供场所的行为。认定房屋出租者是否构成容留卖淫罪，关键要把握出租者的主观故意，即其是否明知承租人租赁房屋是从事卖淫嫖娼活动，如在案证据证实房屋出租者在明知的情况下仍出租房屋，为对方容留卖淫创造条件、提供帮助的，可认定构成容留卖淫罪的共同犯罪。

第六十九条 【特定行业经营者未按照规定登记信息】

第六十九条 娱乐场所和公章刻制、机动车修理、报废机动车回收行业经营者违反法律法规关于要求登记信息的规定,不登记信息的,处警告;拒不改正或者造成后果的,对其直接负责的主管人员和其他直接责任人员处五日以下拘留或者三千元以下罚款。

思维导图

违法行为类型 — 特定行业经营者 {娱乐场所;公章刻制、机动车修理、报废机动车回收行业} — 违反法律法规关于要求登记信息的规定,不登记信息

第七十条 【非法安装、使用、提供窃听、窃照专用器材】

第七十条 非法安装、使用、提供窃听、窃照专用器材的,处五日以下拘留或者一千元以上三千元以下罚款；情节较重的,处五日以上十日以下拘留,并处三千元以上五千元以下罚款。

思维导图

对非法安装、使用、提供窃听、窃照专用器材行为的处罚
- 非法安装、使用、提供窃听、窃照专用器材 —— 处五日以下拘留；一千元以上三千元以下罚款
- 情节较重 —— 处五日以上十日以下拘留,并处三千元以上五千元以下罚款

案例精析

石某等制作、贩卖淫秽物品牟利案

案号：（2022）浙 0502 刑初 432 号
来源：人民法院案例库 2025-04-1-374-001

裁判要点

1. 行为人以牟利为目的,使用窃听、窃照设备在酒店、宾馆等地偷拍他人性行为并制作成视频予以贩卖,相关视频具有具体描绘性行为或者露骨宣扬色情的诲淫性,属于"淫秽物品",故相关行为符合《中华人民共和国刑法》第三百六十三条规定的,以制作、贩卖淫秽物品牟利罪定罪处罚。同时构成其他犯罪的,择一重罪处断。

2. 对于多人参与制作、贩卖淫秽物品,形成偷拍盗摄黑灰产业链,构成制作、贩卖淫秽物品牟利罪共同犯罪的,应当根据行为人在犯罪中的地位作用、犯罪情节分别认定主犯、从犯,并结合各行为人参与制作淫秽物品数量、违法所得等因素,综合考量,均衡量刑。

第七十一条 【典当业、废旧物品收购业违反治安管理规定】

旧（修订前）	新（修订后）
第五十九条 有下列行为之一的，处五百元以上一千元以下罚款；情节严重的，处五日以上十日以下拘留，并处五百元以上一千元以下罚款： （一）典当业工作人员承接典当的物品，不查验有关证明、不履行登记手续，或者明知是违法犯罪嫌疑人、赃物，不向公安机关报告的； （二）违反国家规定，收购铁路、油田、供电、电信、矿山、水利、测量和城市公用设施等废旧专用器材的； （三）收购公安机关通报寻查的赃物或者有赃物嫌疑的物品的； （四）收购国家禁止收购的其他物品的。	第七十一条 有下列行为之一的，处一千元以上三千元以下罚款；情节严重的，处五日以上十日以下拘留，并处一千元以上三千元以下罚款： （一）典当业工作人员承接典当的物品，不查验有关证明、不履行登记手续的，或者违反国家规定对明知是违法犯罪嫌疑人、赃物而不向公安机关报告的； （二）违反国家规定，收购铁路、油田、供电、电信、矿山、水利、测量和城市公用设施等废旧专用器材的； （三）收购公安机关通报寻查的赃物或者有赃物嫌疑的物品的； （四）收购国家禁止收购的其他物品的。

根据中国人民银行发布的《典当行管理暂行办法》规定，典当业，是指以实物占有转移形式为非国有中、小企业和公民个人临时性质押贷款的特殊行业。

🔺思维导图

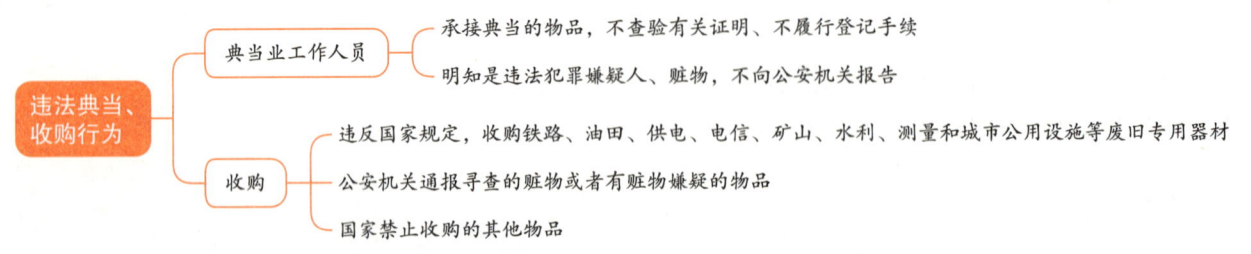

- 违法典当、收购行为
  - 典当业工作人员
    - 承接典当的物品，不查验有关证明、不履行登记手续
    - 明知是违法犯罪嫌疑人、赃物，不向公安机关报告
  - 收购
    - 违反国家规定，收购铁路、油田、供电、电信、矿山、水利、测量和城市公用设施等废旧专用器材
    - 公安机关通报寻查的赃物或者有赃物嫌疑的物品
    - 国家禁止收购的其他物品

要点注释

由于典当行业容易被违法犯罪分子利用进行销赃活动，为了加强治安管理，保护群众的合法利益和典当行的合法经营，因此将其纳入特种行业管理。

案例精析

蒋某掩饰、隐瞒犯罪所得、犯罪所得收益罪刑罚变更案

案号：（2020）闽0821刑更6号
来源：中国裁判文书网

裁判要点

罪犯蒋某在缓刑考验期限内，违反社区矫正监督管理规定和治安管理规定，被警告二次和行政处罚拘留一次，尤其是罪犯蒋某在被本院以掩饰、隐瞒犯罪所得罪判处拘役六个月，缓刑一年之后，在缓刑考验期内，不思悔改，继续收购赃物，其行为违反了《中华人民共和国治安管理处罚法》第五十九条第三项的规定，被公安机关处以行政拘留八日并处罚款一千元的行政处罚。罪犯蒋某的行为属于违反行政法规和监督管理规定，情节严重的情形。现，某县社区矫正管理局建议对罪犯蒋某撤销缓刑，符合法律规定，应予准许。

第七十二条 【妨害行政执法秩序，违反刑事监督管理规定】

旧（修订前）	新（修订后）
第六十条　有下列行为之一的，处五日以上十日以下拘留，并处二百元以上五百元以下罚款： （一）隐藏、转移、变卖或者损毁行政执法机关依法扣押、查封、冻结的财物的； （二）伪造、隐匿、毁灭证据或者提供虚假证言、谎报案情，影响行政执法机关依法办案的； （三）明知是赃物而窝藏、转移或者代为销售的； （四）被依法执行管制、剥夺政治权利或者在缓刑、暂予监外执行中的罪犯或者被依法采取刑事强制措施的人，有违反法律、行政法规或者国务院有关部门的监督管理规定的行为。	第七十二条　有下列行为之一的，处五日以上十日以下拘留，可以并处一千元以下罚款；情节较轻的，处警告或者一千元以下罚款： （一）隐藏、转移、变卖、擅自使用或者损毁行政执法机关依法扣押、查封、冻结、扣留、先行登记保存的财物的； （二）伪造、隐匿、毁灭证据或者提供虚假证言、谎报案情，影响行政执法机关依法办案的； （三）明知是赃物而窝藏、转移或者代为销售的； （四）被依法执行管制、剥夺政治权利或者在缓刑、暂予监外执行中的罪犯或者被依法采取刑事强制措施的人，有违反法律、行政法规或者国务院有关部门的监督管理规定的行为的。

要点注释

本条规定了对妨害执法秩序行为的处罚。

（1）隐藏、转移、变卖、擅自使用或者损毁行政执法机关依法扣押、查封、冻结、扣留、先行登记保存的财物的行为。行政机关在依法强制执行的过程中，可以采取必要的行政强制措施。（2）伪造、隐匿、毁灭证据或者提供虚假证言、谎报案情，影响行政执法机关依法办案的行为。从本项条文的规定来看，实际上包含三个方面的行为：一是伪造、隐匿、毁灭证据；二是提供虚假证言；三是谎报案情。这三个方面的行为都必须足以影响行政执法机关依法办案的，才予以处罚。（3）明知是赃物而窝藏、转移或者代为销售的行为。在本项规定中，"赃物"是指行为人利用非法手段取得的各种物品、资料，包括以抢劫、抢夺、诈骗、敲诈勒索和偷盗、哄抢等方式取得的各种物品。"窝藏"，即明知是赃物，仍帮助违法行为人把物品隐藏起来，以防止失主或者公安机关查询；"转移"是指变更赃物所在的位置，使得公安机关等部门无法有效地追查赃物；"代为销售"是指接受赃物拥有人的委托，意图将赃物卖出去的行为。（4）被依法执行管制、剥夺政治权利或者在缓刑、暂予监外执行中的罪犯或者被依法采取刑事强制措施的人，有违反法律、行政法规或者国务院有关部门的监督管理规定的行为。

拓展适用

《违反公安行政管理行为的名称及其适用意见》
第 135 条至第 140 条

案例精析

李某与某县公安局、某县人民政府不服行政侵权赔偿决定案

案号：（2022）冀 05 行终 177 号
来源：中国裁判文书网

裁判要点

某县公安局在 2021 年 12 月 9 日对李某制作的询问笔录中，李某陈述"我向公安机关提供的票据是 2021 年 12 月 7 日开具的，我让老板多给我写点，于是老板就给我开具了 3100 元的票据，我对公安民警说这张票据是我 2020 年购买自行车的时候开的"。某县公安局在 2021 年 12 月 8 日对刘某辉制作的询问笔录中，刘某辉陈述"这张收据是我 2021 年 12 月 7 日开的，收据上面的时间是按照那名男子的意思开的 2020 年 3 月 19 日，收据上写着酷骑自行车一辆，3100 元。这些单车属于二手车，按照新旧程度价格在 100 元到 300 元之间。这名男子叫李某，这张收据就是我按照李某的要求开具的收据"。两人在公安机关的陈述内容与李某向公安机关提交的收据互相印证，能够证实李某存在虚标自行车价格并向公安机关提供内容不实的收据的行为。李某的该项违法行为，影响公安机关对李某报案的故意损毁财物案的依法办理。某县公安局依照前述证据，适用《中华人民共和国治安管理处罚法》第六十条第二项之规定对李某作出行政拘留五日，并处罚款二百元的行政处罚，认定事实清楚，适用法律正确，量罚适当。李某购车行为虽是真实的，但不能据此否认其向公安机关提供虚假购车收据及陈述虚假购车数额的事实。上诉人称其因法律意识淡薄而作出前述行为，该事由不能作为其免受法律规制的理由。

第七十三条 【违反有关机关依法作出的禁止性决定】

第七十三条 有下列行为之一的，处警告或者一千元以下罚款；情节较重的，处五日以上十日以下拘留，可以并处一千元以下罚款：

（一）违反人民法院刑事判决中的禁止令或者职业禁止决定的；

（二）拒不执行公安机关依照《中华人民共和国反家庭暴力法》、《中华人民共和国妇女权益保障法》出具的禁止家庭暴力告诫书、禁止性骚扰告诫书的；

（三）违反监察机关在监察工作中、司法机关在刑事诉讼中依法采取的禁止接触证人、鉴定人、被害人及其近亲属保护措施的。

拓展适用

《中华人民共和国反家庭暴力法》
第 16 条、第 29 条

《中华人民共和国妇女权益保障法》
第 80 条

庭暴力的现实危险，向人民法院申请人身安全保护令，请求将未成年人暂由其他监护人直接抚养的，人民法院经审理后认为符合《中华人民共和国反家庭暴力法》第二十七条规定的，可依当事人申请作出人身安全保护令裁定，指定其他监护人行使临时直接抚养权，该措施属于《中华人民共和国反家庭暴力法》第二十九条第四项规定的"保护申请人人身安全的其他措施"。

案例精析

韩某甲、张某诉韩某申请人身安全保护令案

来源：人民法院案例库 2023-14-2-442-001

裁判要点

在变更抚养关系纠纷中，未成年人因遭受家庭暴力或面临家

第七十四条 【脱逃】

第七十四条 依法被关押的违法行为人脱逃的,处十日以上十五日以下拘留;情节较轻的,处五日以上十日以下拘留。

思维导图

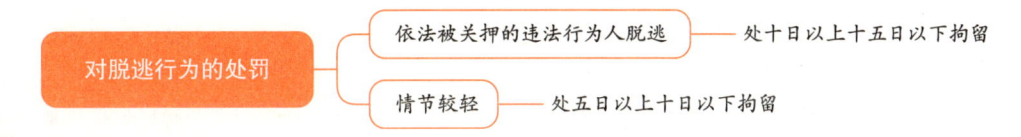

对脱逃行为的处罚
- 依法被关押的违法行为人脱逃 —— 处十日以上十五日以下拘留
- 情节较轻 —— 处五日以上十日以下拘留

拓展适用

《戒毒条例》
第 32 条

理减刑、假释案件具体应用法律的规定》第十二条,即死刑缓期执行罪犯在缓期执行期间不服从监管、抗拒改造,尚未构成犯罪的,在减为无期徒刑后再减刑时应当适当从严。

案例精析

张某荣脱逃案

案号:(2017)黑 09 刑初 13 号
来源:人民法院案例库 2023-04-1-304-001

裁判要点

脱逃罪因超过追诉时效裁定终止审理后,死刑缓期执行期间应连续计算,在逃期间应扣除,并执行《最高人民法院关于办

第七十五条 【故意损坏文物、名胜古迹】

旧（修订前）	新（修订后）
第六十三条　有下列行为之一的，处警告或者二百元以下罚款；情节较重的，处五日以上十日以下拘留，并处二百元以上五百元以下罚款： （一）刻划、涂污或者以其他方式故意损坏国家保护的文物、名胜古迹的； （二）违反国家规定，在文物保护单位附近进行爆破、挖掘等活动，危及文物安全的。	第七十五条　有下列行为之一的，处警告或者五百元以下罚款；情节较重的，处五日以上十日以下拘留，并处五百元以上一千元以下罚款： （一）刻划、涂污或者以其他方式故意损坏国家保护的文物、名胜古迹的； （二）违反国家规定，在文物保护单位附近进行爆破、钻探、挖掘等活动，危及文物安全的。

思维导图

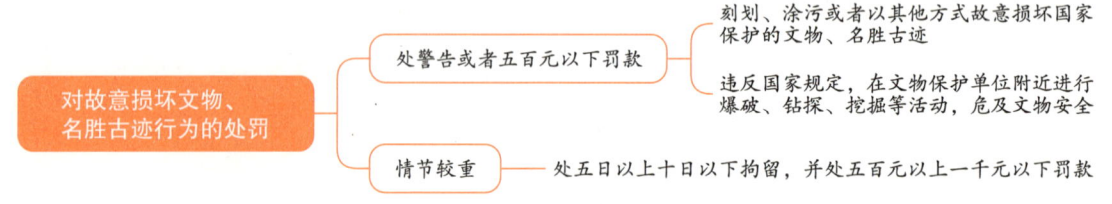

对故意损坏文物、名胜古迹行为的处罚
- 处警告或者五百元以下罚款
  - 刻划、涂污或者以其他方式故意损坏国家保护的文物、名胜古迹
  - 违反国家规定，在文物保护单位附近进行爆破、钻探、挖掘等活动，危及文物安全
- 情节较重——处五日以上十日以下拘留，并处五百元以上一千元以下罚款

要点注释

本条规定的行为侵犯的客体是国家对文物、名胜古迹的管理秩序。此行为侵犯的对象是国家保护的文物和名胜古迹。例如，具有历史、艺术、科学价值的古文化遗址、古墓葬、古建筑、艺术品、图书资料等。具体来讲，本条规定的妨害文物管理的行为

有：刻划、涂污国家保护的文物、名胜古迹的行为；以其他方式故意损坏国家保护的文物、名胜古迹的行为；违反国家规定，在文物保护单位附近进行爆破、挖掘等活动，危及文物安全的行为。可见这些规定都是行为犯，只要实施了违法行为，就应当承担责任，而不要求造成严重后果。

案例精析

某市某区旅游和文化广电局、朱某侵权责任案

案号：（2022）冀0303民初1669号

来源：中国裁判文书网

裁判要点

2022年8月26日，某市公安局某分局驻某派出所作出《行政处罚决定书》，认定被告朱某为了招揽农活，在九门口长城券门墙壁使用蓝色油漆制品喷涂文字广告"打花生135××××某某某"。朱某对此违法行为供认不讳。根据《中华人民共和国治安管理处罚法》第六十三条第二项规定，决定对朱某罚款二百元整。

事后，被告朱某自行对涂污长城进行清除处理，但未能恢复文物保护单位原状。2022年7月2日，原告与某环境艺术公司签订《某区长城墙体紧急维护保护合同》，约定由该公司对被告所喷涂广告字样进行打磨、铲除，并恢复城墙原貌，工期自接到开工通知书之日起到工程竣工为止，天数五天，合同价格形式为固定总价，价款为贰万肆仟贰佰叁拾柒元整（24237元）。某环境艺术公司按照约定期限完成修复工作并经原告验收合格。根据《中华人民共和国文物保护法》第六十五条及《中华人民共和国民法典》第一千一百六十五条的规定，其应当为自己的侵权行为承担损害赔偿责任。本案民事赔偿与行政处罚系不同法律性质的责任承担方式，彼此不能互相替代，其民事侵权赔偿责任不应因受到行政处罚而免除。

第七十六条 【偷开他人车、船、航空器，无证驾驶航空器、船舶】

旧（修订前）	新（修订后）
第六十四条　有下列行为之一的，处五百元以上一千元以下罚款；情节严重的，处十日以上十五日以下拘留，并处五百元以上一千元以下罚款： （一）偷开他人机动车的； （二）未取得驾驶证驾驶或者偷开他人航空器、机动船舶的。	第七十六条　有下列行为之一的，处一千元以上二千元以下罚款；情节严重的，处十日以上十五日以下拘留，可以并处二千元以下罚款： （一）偷开他人机动车的； （二）未取得驾驶证驾驶或者偷开他人航空器、机动船舶的。

思维导图

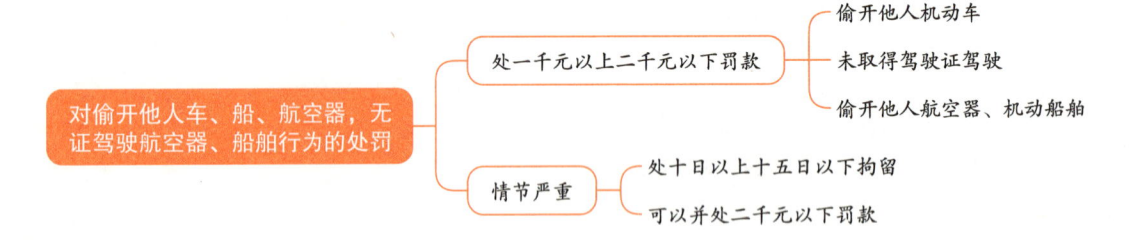

对偷开他人车、船、航空器，无证驾驶航空器、船舶行为的处罚
- 处一千元以上二千元以下罚款
  - 偷开他人机动车
  - 未取得驾驶证驾驶
  - 偷开他人航空器、机动船舶
- 情节严重
  - 处十日以上十五日以下拘留
  - 可以并处二千元以下罚款

拓展适用

《最高人民法院、最高人民检察院关于办理盗窃刑事案件适用法律若干问题的解释》
第10条

案例精析

伊宁县某局、依某行政处罚行政非诉审查案

案号：（2024）新 4021 行审 12 号

来源：中国裁判文书网

裁判要点

依某于 2024 年 2 月 28 日凌晨 3 时 30 分许，未取得驾驶证偷开被害人杨某停放在伊宁县某职工宿舍门前的某牌面包车。2024 年 3 月 5 日，伊宁县某局依据《中华人民共和国治安管理处罚法》第六十四条第一款、第二十条第四项，《中华人民共和国道路交通安全法》第九十九条第一款第一项、第二项之规定，作出行政处罚决定：对依某以无有效机动车驾驶证驾驶机动车行政拘留十日，并处罚款一千五百元；以偷开机动车行政拘留十五日，并处罚款六百元，合并执行行政拘留二十日。

第七十七条 【破坏他人坟墓、尸骨、骨灰，违法停放尸体】

旧（修订前）	新（修订后）
第六十五条　有下列行为之一的，处五日以上十日以下拘留；情节严重的，处十日以上十五日以下拘留，可以并处一千元以下罚款： （一）故意破坏、污损他人坟墓或者毁坏、丢弃他人尸骨、骨灰的； （二）在公共场所停放尸体或者因停放尸体影响他人正常生活、工作秩序，不听劝阻的。	第七十七条　有下列行为之一的，处五日以上十日以下拘留；情节严重的，处十日以上十五日以下拘留，可以并处二千元以下罚款： （一）故意破坏、污损他人坟墓或者毁坏、丢弃他人尸骨、骨灰的； （二）在公共场所停放尸体或者因停放尸体影响他人正常生活、工作秩序，不听劝阻的。

思维导图

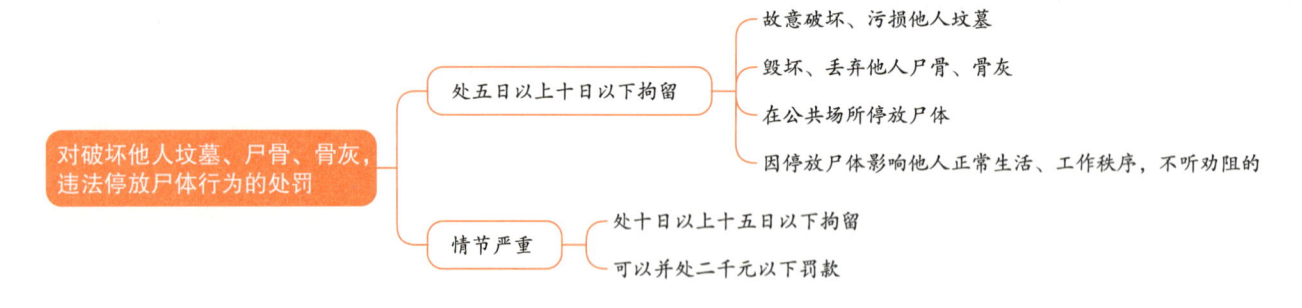

对破坏他人坟墓、尸骨、骨灰，违法停放尸体行为的处罚
- 处五日以上十日以下拘留
  - 故意破坏、污损他人坟墓
  - 毁坏、丢弃他人尸骨、骨灰
  - 在公共场所停放尸体
  - 因停放尸体影响他人正常生活、工作秩序，不听劝阻的
- 情节严重
  - 处十日以上十五日以下拘留
  - 可以并处二千元以下罚款

第七十八条 【卖淫、嫖娼，拉客招嫖】

旧（修订前）	新（修订后）
第六十六条 卖淫、嫖娼的，处十日以上十五日以下拘留，可以并处五千元以下罚款；情节较轻的，处五日以下拘留或者五百元以下罚款。 在公共场所拉客招嫖的，处五日以下拘留或者五百元以下罚款。	第七十八条 卖淫、嫖娼的，处十日以上十五日以下拘留，可以并处五千元以下罚款；情节较轻的，处五日以下拘留或者一千元以下罚款。 在公共场所拉客招嫖的，处五日以下拘留或者一千元以下罚款。

> 拉客招嫖：是指行为人在公共场所，如宾馆、饭店、娱乐场所、街道等区域，以语言挑逗或者肢体动作强拉硬拽等方式，意图使他人嫖娼的行为。

思维导图

对卖淫、嫖娼，拉客招嫖行为的处罚
- 卖淫、嫖娼
  - 处十日以上十五日以下拘留
  - 可以并处五千元以下罚款
  - 情节较轻的，处五日以下拘留或者一千元以下罚款
- 在公共场所拉客招嫖
  - 处五日以下拘留
  - 或者一千元以下罚款

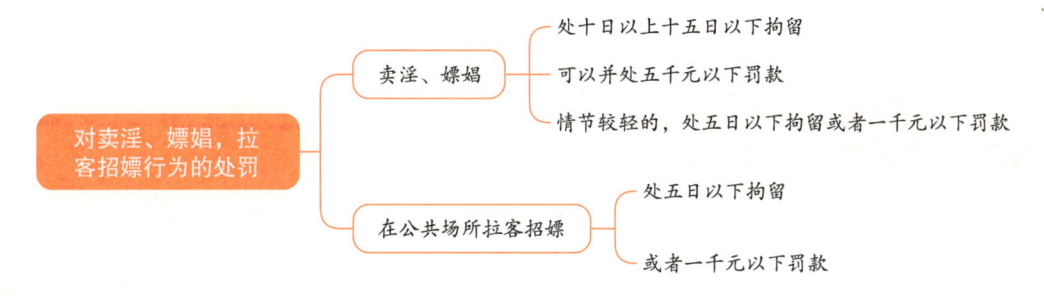

拓展适用

《娱乐场所管理条例》
第14条、第30条

《违反公安行政管理行为的名称及其适用意见》
第151条至第153条

第七十九条 【引诱、容留、介绍卖淫】

旧（修订前）	新（修订后）
第六十七条 引诱、容留、介绍他人卖淫的，处十日以上十五日以下拘留，可以并处五千元以下罚款；情节较轻的，处五日以下拘留或者五百元以下罚款。	第七十九条 引诱、容留、介绍他人卖淫的，处十日以上十五日以下拘留，可以并处五千元以下罚款；情节较轻的，处五日以下拘留或者一千元以上二千元以下罚款。

- 是指行为人为了达到某种目的，以金钱诱惑或者通过宣扬腐朽生活方式等手段，诱使没有卖淫习性的人从事卖淫活动的行为。
- 是指行为人出于故意为卖淫嫖娼者的卖淫、嫖娼活动提供场所，使该活动得以进行的行为。
- 是指行为人为了获取非法利益，在卖淫者与嫖娼者之间牵线搭桥，使卖淫者与嫖客相识并进行卖淫嫖娼活动，俗称"拉皮条"。

思维导图

对引诱、容留、介绍卖淫行为的处罚
- 处十日以上十五日以下拘留
- 可以并处五千元以下罚款
- 情节较轻的 —— 处五日以下拘留或者一千元以上二千元以下罚款

要点注释

容留他人卖淫的场所多种多样，如私人住宅、汽车、自己管理的饭店、宾馆等。容留他人卖淫的期限可以是长期的，如将房屋长期租给卖淫嫖娼者使用，也可以是短期的或者临时的。

🟠 案例精析

1. 玉某与某公安局某分局行政处罚案

案号：（2020）内 22 行终 28 号
来源：中国裁判文书网

裁判要点

2019 年 7 月 17 日，王某联系玉某要求约"美女"，之后玉某应王某要求通过微信将曾某推荐给王某。曾某在微信上与王某互加好友并对发生性交易行为讲好价钱。曾某打车到王某住所内发生性关系一次，支付嫖资二百元。以上事实有违法行为人陈述、证人证言等证据证实。玉某的行为已构成介绍他人卖淫的违法行为，某公安局某分局依据《中华人民共和国治安管理处罚法》第六十七条的规定，给予玉某行政拘留十日的决定适用法律准确。

2. 阎某介绍卖淫案

案号：（2017）辽 0111 刑初 63 号
来源：人民法院案例库 2023-05-1-371-002

裁判要点

（1）行为人线上介绍他人卖淫嫖娼致他人线下达成卖淫嫖娼交易，但并未对卖淫嫖娼活动实施管理或者控制行为，应当认定为介绍卖淫罪。

（2）对于利用信息网络发布招嫖信息，情节严重的行为，根据法律的规定，可以按照非法利用信息网络罪来追究刑事责任。对于确实促成一定数量的卖淫嫖娼人员达成交易的，可适用介绍卖淫罪追究责任。在同时构成非法利用信息网络罪和介绍卖淫罪时，应当依照处罚较重的规定定罪处罚。

第八十条 【制作、运输、复制、出售、出租淫秽物品，传播淫秽信息】

旧（修订前）	新（修订后）
第六十八条 制作、运输、复制、出售、出租淫秽的书刊、图片、影片、音像制品等淫秽物品或者利用计算机信息网络、电话以及其他通讯工具传播淫秽信息的，处十日以上十五日以下拘留，可以并处三千元以下罚款；情节较轻的，处五日以下拘留或者五百元以下罚款。	第八十条 制作、运输、复制、出售、出租淫秽的书刊、图片、影片、音像制品等淫秽物品或者利用信息网络、电话以及其他通讯工具传播淫秽信息的，处十日以上十五日以下拘留，可以并处五千元以下罚款；情节较轻的，处五日以下拘留或者一千元以上三千元以下罚款。 前款规定的淫秽物品或者淫秽信息中涉及未成年人的，从重处罚。

- ▶是指生产、录制、编写、翻译、绘画、印刷、刻印、摄制、洗印等行为。
- ▶是指利用飞机、火车、汽车、轮船等交通工具或采用随身携带的方式，将物品从一处运往另一处的行为。
- ▶是指销售，包括批发和零售。
- ▶是指通过翻印、翻拍、复印、复写、复录等方式重复制作的行为。
- ▶是指不改变物品所有权，以收取租金获利的行为。

思维导图

对制作、运输、复制、出售、出租淫秽物品，传播淫秽信息行为的处罚
- 处十日以上十五日以下拘留，可以并处五千元以下罚款
  - 制作、运输、复制、出售、出租淫秽物品
  - 利用信息网络、电话以及其他通讯工具传播淫秽信息
- 情节较轻的，处五日以下拘留或者一千元以上三千元以下罚款
- 从重处罚 —— 淫秽物品或者淫秽信息中涉及未成年人的

要点注释

制作、运输、复制、出售、出租五种行为方式都是以淫秽物品为载体，侵犯社会管理秩序和良好社会风尚的行为。只要实施了其中的一种，便可以给予治安管理处罚。

拓展适用

《中华人民共和国刑法》
第 363 条、第 364 条、第 367 条
《互联网上网服务营业场所管理条例》
第 14 条
《违反公安行政管理行为的名称及其适用意见》
第 155 条、第 156 条

案例精析

吴某与某市公安局其他行政处罚案

案号：（2020）苏行申 1803 号
来源：中国裁判文书网

裁判要点

《中华人民共和国治安管理处罚法》第六十八条、第十九条第一项规定，传播淫秽信息、情节较轻的，处五日以下拘留或者五百元以下罚款。情节特别轻微的，可以减轻处罚或者不予处罚。本案中，在卷的公安机关提交的对吴某、蒋某所作的询问笔录、微信聊天记录以及《某市公安局淫秽物品审查鉴定书》等证据显示，2018 年 4 月 5 日 21 时 13 分许，吴某通过微信向蒋某发送两段视频。经某市公安局鉴定，该两段视频为淫秽物品，吴某对该鉴定结论亦无异议。当日，某市公安局作出《631 号处罚决定》，对吴某行政拘留十日。上述处罚决定作出后，因其他原因被实际拘留两天后，吴某即被某市公安局批准，予以请假出所七日。吴某不服《631 号处罚决定》申请行政复议，某市人民政府作出 37 号行政复议决定书，维持了《631 号处罚决定》。吴某又向法院提起行政诉讼，某市人民法院经审理作出（2018）苏 0691 行初 88 号行政判决，撤销《631 号处罚决定》及 37 号行政复议决定书。该裁判文书生效后，某市公安局作出《205 号处罚决定》，认为吴某利用手机登录微信向他人传播淫秽视频两部妨害了社会管理，败坏了社会风气，依法应当予以处罚。因其传播淫秽视频数量较少、属情节较轻，决定给予吴某行政拘留五日的处罚。从案件查明的事实来看，吴某实施了利用手机终端通过微信网络向蒋某发送两段淫秽视频的违法行为。但吴某传播淫秽视频的对象并非社会大众，也未在公开的网站或论坛上传视频供不特定对象点击查看，对社会风气所造成的不良影响范围有限，应认定吴某传播淫秽信息的行为情节较轻。某市公安局对吴某作出拘留五日的《205 号处罚决定》，与吴某违法行为的情节、后果不相适应，量罚明显不当。原审法院将《205 号处罚决定》给予吴某行政拘留五日变更为行政拘留二日更为妥当。

第八十一条 【组织播放淫秽音像，组织或者进行淫秽表演，参与聚众淫乱活动】

旧（修订前）	新（修订后）
第六十九条 有下列行为之一的，处十日以上十五日以下拘留，并处五百元以上一千元以下罚款： （一）组织播放淫秽音像的； （二）组织或者进行淫秽表演的； （三）参与聚众淫乱活动的。 明知他人从事前款活动，为其提供条件的，依照前款的规定处罚。	第八十一条 有下列行为之一的，处十日以上十五日以下拘留，并处一千元以上二千元以下罚款： （一）组织播放淫秽音像的； （二）组织或者进行淫秽表演的； （三）参与聚众淫乱活动的。 明知他人从事前款活动，为其提供条件的，依照前款的规定处罚。 组织未成年人从事第一款活动的，从重处罚。

- 是指播放淫秽电影、录像、幻灯片、录音带、激光唱片、存储有淫秽内容的计算机软件等音像制品，并召集多人观看、收听的行为。

- 是指组织他人当众进行淫秽性的表演。组织是指策划表演的过程，纠集、招募、雇用表演者，寻找、租用表演场地，招揽群众等组织演出的行为。

- 是指在组织者或首要分子的组织、纠集下，多人聚集在一起进行淫乱活动。

思维导图

对组织播放淫秽音像、组织或者进行淫秽表演、参与聚众淫乱活动行为的处罚
- 处十日以上十五日以下拘留，并处一千元以上二千元以下罚款
  - 组织播放淫秽音像的
  - 组织或者进行淫秽表演的
  - 参与聚众淫乱活动的
  - 明知他人从事上述活动，为其提供条件
- 从重处罚——组织未成年人从事上述活动

要点注释

组织播放淫秽音像，这里要追究的是组织多人观看淫秽音像的播放者，而不是向个人播放淫秽音像制品或者参与观看的人。行为人组织播放行为并不是以营利为目的，其具体目的在认定本行为时并不考虑。另外，如果行为人播放淫秽物品自己观看而没有组织他人观看的行为的，不构成本行为。聚众淫乱，因其造成非常不良的社会影响，伤风败俗，扰乱正常的社会管理秩序，应予惩罚。本行为处罚的对象是聚众淫乱活动的参与者，行为人参与的次数不能多次，否则构成犯罪，对于组织者，只要有组织行为即构成犯罪。

拓展适用

《中华人民共和国刑法》
第 301 条、第 364 条、第 365 条

案例精析

邵某、支某聚众淫乱、传播淫秽物品案

案号：（2021）沪 02 刑终 1145 号
来源：人民法院案例库 2024-04-1-282-001

裁判要点

在互联网上发布淫秽物品，招募他人共同参与聚众淫乱活动的，一方面传播淫秽物品通过互联网向不特定人传播，有损不特定公众的身心健康，严重破坏社会管理秩序；另一方面聚众淫乱违背传统伦理道德观念，严重破坏公序良俗。鉴于两个行为所侵害法益并不相同，应当分别评价、独立构成犯罪，以传播淫秽物品罪与聚众淫乱罪进行并罚。

第八十二条 【为赌博提供条件，赌博】

旧（修订前）	新（修订后）
第七十条 以营利为目的，为赌博提供条件的，或者参与赌博赌资较大的，处五日以下拘留或者五百元以下罚款；情节严重的，处十日以上十五日以下拘留，并处五百元以上三千元以下罚款。	第八十二条 以营利为目的，为赌博提供条件的，或者参与赌博赌资较大的，处五日以下拘留或者一千元以下罚款；情节严重的，处十日以上十五日以下拘留，并处一千元以上五千元以下罚款。

思维导图

对为赌博提供条件、赌博行为的处罚
- 处五日以下拘留或者一千元以下罚款
  - 以营利为目的，为赌博提供条件
  - 参与赌博赌资较大
- 情节严重的，处十日以上十五日以下拘留，并处一千元以上五千元以下罚款

拓展适用

《中华人民共和国刑法》
第 303 条

《娱乐场所管理条例》
第 14 条

案例精析

1. 赵某诉某市公安局、某市人民政府治安行政处罚和行政复议案

案号：（2019）湘行再 74 号

来源：中国裁判文书网

裁判要点

2017 年 7 月 28 日上午 11 时许，赵某回家途经某市某区某门店时，进入该门店开始玩"J"板机，赵某交给该店服务员二十元上了两千分，采取单注上分一百分（一元）的玩法。不久某市公安局民警赶到将赵某带离该门店，此时赵某尚无输赢。在某派出所期间，某市公安局民警从赵某身上搜走现金一百七十二元五角。同日，某市公安局作出《公安行政处罚决定书》，内容为：2017 年 7 月 28 日，违法嫌疑人赵某在某市某区某店内与刘某 1、刘某 2 利用"J"板机进行赌博，上分二十元，没有输赢。根据《中华人民共和国治安管理处罚法》第七十条之规定，决定对赵某行政拘留五日。目前该拘留决定已执行完毕。后，赵某对该行政处罚决定不服申请行政复议，2017 年 11 月 2 日，某市人民政府作出《行政复议决定书》，决定维持某市公安局作出的《公安行政处罚决定书》。

本案中，再审申请人赵某于 2017 年 7 月 28 日在某市某区某门店利用"J"板机进行赌博，上分 20 元，单注 1 元，之后公安民警从其身上收缴现金 172.5 元。赵某的行为具有治安管理一般违法性。某市公安局依照《中华人民共和国治安管理处罚法》的规定，对其作出处罚符合法律规定，但作出"对赵某行政拘留五日的行政处罚决定"明显不当，应当予以纠正。

2. 唐某等开设赌场案

案号：（2020）沪 01 刑终 1701 号

来源：人民法院案例库 2023-06-1-286-004

裁判要点

开设赌场罪必须以赌场为依托从事营利性活动，赌场一般具有专门场所、面向不特定人群、专设赌博项目、提供资金结算、固定盈利方式等要素。行为人是否构成犯罪，不应片面适用"赌资数额""渔利数额"的单一入罪标准，应综合考虑抽头渔利数额、赌资数额、参赌人数和社会影响等客观情况；当构成开设赌场罪时，还应综合考量上述日均数额、运营时长等，审慎认定"情节严重"，正确量刑。

第八十三条 【违反毒品原植物规定的行为】

旧（修订前）	新（修订后）
第七十一条　有下列行为之一的，处十日以上十五日以下拘留，可以并处三千元以下罚款；情节较轻的，处五日以下拘留或者五百元以下罚款： （一）非法种植罂粟不满五百株或者其他少量毒品原植物的； （二）非法买卖、运输、携带、持有少量未经灭活的罂粟等毒品原植物种子或者幼苗的； （三）非法运输、买卖、储存、使用少量罂粟壳的。 有前款第一项行为，在成熟前自行铲除的，不予处罚。	第八十三条　有下列行为之一的，处十日以上十五日以下拘留，可以并处五千元以下罚款；情节较轻的，处五日以下拘留或者一千元以下罚款： （一）非法种植罂粟不满五百株或者其他少量毒品原植物的； （二）非法买卖、运输、携带、持有少量未经灭活的罂粟等毒品原植物种子或者幼苗的； （三）非法运输、买卖、储存、使用少量罂粟壳的。 有前款第一项行为，在成熟前自行铲除的，不予处罚。

思维导图

对违反毒品原植物规定行为的处罚
- 处十日以上十五日以下拘留，可以并处五千元以下罚款
  - 非法种植罂粟不满五百株或者其他少量毒品原植物
  - 非法买卖、运输、携带、持有少量未经灭活的罂粟等毒品原植物种子或者幼苗
  - 非法运输、买卖、储存、使用少量罂粟壳
- 情节较轻的，处五日以下拘留或者一千元以下罚款
- 在成熟前自行铲除的，不予处罚

要点注释

本条规定了针对毒品原植物进行违法活动的行为，其与《中华人民共和国刑法》规定的犯罪行为的不同在于数量少，因而不构成刑事处罚。行为的方式主要有非法种植、买卖、携带、持有、储存、使用等，由于毒品原植物及其种子、幼苗，甚至罂粟壳都可以用来制造毒品，严重危害人身健康和社会安定，故应当对这些非法行为予以处罚。需要注意的是本条第二款的规定，毒品原植物成熟之前，不是在执法人员强制下铲除，而是自行铲除的，不予处罚。不予处罚，是指只要有本款规定的情形，一律不予处罚。

拓展适用

《中华人民共和国刑法》
第 351 条

《中华人民共和国禁毒法》
第 19 条、第 20 条

案例精析

打击毒品违法犯罪典型案例

案号：（2021）宁 03 刑终 186 号
来源：人民法院案例库 2023-06-1-361-001

裁判要点

种植大麻二千平方米以上不满一万二千平方米，尚未出苗的，为非法种植毒品原植物数量较大，判处五年以下有期徒刑、拘役或者管制，并处罚金；超过上述最高标准的，应当认定为数量大，判处五年以上有期徒刑，并处罚金或者没收财产。行为人同时具有自首、认罪认罚等情节的，应依法从宽处罚。

第八十四条 【非法持有、向他人提供毒品，吸毒，胁迫、欺骗开具麻醉药品、精神药品】

旧（修订前）	新（修订后）
第七十二条　有下列行为之一的，处十日以上十五日以下拘留，可以并处二千元以下罚款；情节较轻的，处五日以下拘留或者五百元以下罚款： （一）非法持有鸦片不满二百克、海洛因或者甲基苯丙胺不满十克或者其他少量毒品的； （二）向他人提供毒品的； （三）吸食、注射毒品的； （四）胁迫、欺骗医务人员开具麻醉药品、精神药品的。	第八十四条　有下列行为之一的，处十日以上十五日以下拘留，可以并处三千元以下罚款；情节较轻的，处五日以下拘留或者一千元以下罚款： （一）非法持有鸦片不满二百克、海洛因或者甲基苯丙胺不满十克或者其他少量毒品的； （二）向他人提供毒品的； （三）吸食、注射毒品的； （四）胁迫、欺骗医务人员开具麻醉药品、精神药品的。 聚众、组织吸食、注射毒品的，对首要分子、组织者依照前款的规定从重处罚。 吸食、注射毒品的，可以同时责令其六个月至一年以内不得进入娱乐场所、不得擅自接触涉及毒品违法犯罪人员。违反规定的，处五日以下拘留或者一千元以下罚款。

根据《中华人民共和国禁毒法》第二条的规定，毒品，是指鸦片、海洛因、甲基苯丙胺（冰毒）、吗啡、大麻、可卡因，以及国家规定管制的其他能够使人形成瘾癖的麻醉药品和精神药品。根据医疗、教学、科研的需要，依法可以生产、经营、使用、储存、运输麻醉药品和精神药品。

拓展适用

《公安机关执行〈中华人民共和国治安管理处罚法〉有关问题的解释（二）》
第9条

思维导图

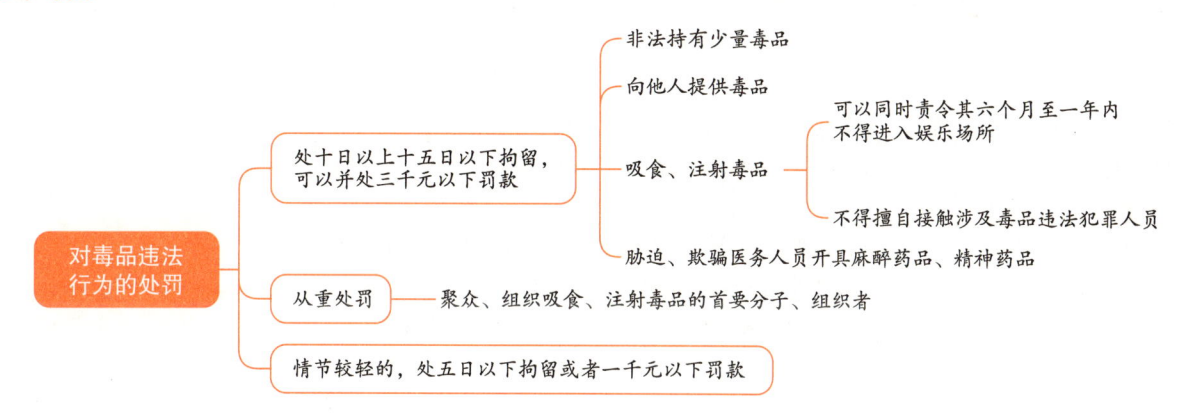

```
                                      ┌─ 非法持有少量毒品
                                      │
                                      ├─ 向他人提供毒品
                                      │                    ┌─ 可以同时责令其六个月至一年内
           ┌─ 处十日以上十五日以下拘留, ─┤                    │  不得进入娱乐场所
           │  可以并处三千元以下罚款    ├─ 吸食、注射毒品 ────┤
           │                          │                    └─ 不得擅自接触涉及毒品违法犯罪人员
对毒品违法  │                          │
行为的处罚 ─┤                          └─ 胁迫、欺骗医务人员开具麻醉药品、精神药品
           │
           ├─ 从重处罚 ── 聚众、组织吸食、注射毒品的首要分子、组织者
           │
           └─ 情节较轻的,处五日以下拘留或者一千元以下罚款
```

案例精析

唐某诉某县公安局确认行政行为违法案

案号:(2020)豫 03 行终 407 号

来源:人民法院案例库 2024-12-3-007-004

裁判要点

1. 公安机关是否有权对涉嫌吸毒人员采取强制检测措施的问题。《中华人民共和国禁毒法》和《公安机关办理行政案件程序规定》规定,公安机关可以对涉嫌吸毒的人员进行必要的检测,被检测人员应当予以配合;对拒绝接受检测的,经县级以上人民政府公安机关或者其派出机构负责人批准,可以强制检测。根据上述规定,警方在涉嫌吸毒的人员不配合检测的情况下,确有强制传唤、强制检测的权力。

2. 公安机关对异地的涉嫌吸毒案件是否有管辖权,程序是否违法问题。《公安机关办理行政案件程序规定》第十五条规定,行政案件由违法行为地的公安机关管辖。由违法行为人居住地公安机关管辖更为适宜的,可以由违法行为人居住地公安机关管辖,但是涉及卖淫、嫖娼、赌博、毒品的案件除外。对于重大、复杂的案件,上级公安机关可以直接办理或者指定管辖。上级公安机关直接办理或者指定管辖的,应当书面通知被指定管辖的公安机关和其他有关的公安机关。

第八十五条 【引诱、教唆、欺骗、强迫、容留他人吸食、注射毒品，介绍买卖毒品】

旧（修订前）	新（修订后）
第七十三条　教唆、引诱、欺骗他人吸食、注射毒品的，处十日以上十五日以下拘留，并处五百元以上二千元以下罚款。	第八十五条　引诱、教唆、欺骗或者强迫他人吸食、注射毒品的，处十日以上十五日以下拘留，并处一千元以上五千元以下罚款。 容留他人吸食、注射毒品或者介绍买卖毒品的，处十日以上十五日以下拘留，可以并处三千元以下罚款；情节较轻的，处五日以下拘留或者一千元以下罚款。

- 是指采取勾引、诱使、拉拢他人吸食、注射毒品的行为，如向他人讲述吸食毒品的快感等。
- 是指以劝说、怂恿、激将等方法，唆使他人吸食、注射毒品的行为。
- 是指采取隐瞒事实真相的语言和行为，使他人在不知道是毒品的情况下吸食、注射毒品，如行为人把毒品放入卷烟中让其他不明真相的人吸食。

思维导图

对引诱、教唆、欺骗、强迫、容留他人吸食、注射毒品，介绍买卖毒品行为的处罚

- 处十日以上十五日以下拘留，并处一千元以上五千元以下罚款 —— 引诱、教唆、欺骗或者强迫他人吸食、注射毒品
- 处十日以上十五日以下拘留，可以并处三千元以下罚款 —— 容留他人吸食、注射毒品或者介绍买卖毒品
- 处五日以下拘留或者一千元以下罚款 —— 情节较轻

要点注释

依据本条的规定，只要行为人实施了引诱、教唆、欺骗或者强迫他人吸食、注射毒品的行为，不论被引诱、被教唆、被欺骗或者被强迫的人是否最终吸食或者注射了毒品，都构成违法，应当依法给予处罚。

第八十六条 【非法生产、经营、购买、运输用于制造毒品的原料、配剂】

第八十六条 违反国家规定,非法生产、经营、购买、运输用于制造毒品的原料、配剂的,处十日以上十五日以下拘留;情节较轻的,处五日以上十日以下拘留。

思维导图

对非法生产、经营、购买、运输用于制造毒品的原料、配剂的处罚
- 处十日以上十五日以下拘留
- 处五日以上十日以下拘留 —— 情节较轻

案例精析

范某某贩卖毒品案

案号:(2020)皖刑终 181 号
来源:人民法院案例库 2023-06-1-356-015

裁判要点

γ-羟丁酸是我国规定管制的第一类精神药品,新近发现被添加在饮料、酒水中伪装成饮品,毒品属性辨识度低,易于被青少年滥用,属新型液态毒品。对新型液态毒品犯罪,除司法解释另有规定或者为了隐蔽运输而临时改变毒品常规形态的情形外,均应将查证属实的毒品数量认定为被告人毒品犯罪的数量。对新型毒品犯罪应注重强化打击处理,依法严惩将新型毒品伪装成饮品、食品等危害青少年健康的犯罪行为。对新型毒品犯罪被告人适用刑罚时应严格把握从宽处罚情节的适用幅度,人民检察院提出的量刑建议明显不当且不调整量刑建议的,人民法院应当依法作出判决。

第八十七条 【为吸毒、赌博、卖淫、嫖娼人员通风报信或者提供其他条件】

旧（修订前）	新（修订后）
第七十四条 旅馆业、饮食服务业、文化娱乐业、出租汽车业等单位的人员，在公安机关查处吸毒、赌博、卖淫、嫖娼活动时，为违法犯罪行为人通风报信，处十日以上十五日以下拘留。	第八十七条 旅馆业、饮食服务业、文化娱乐业、出租汽车业等单位的人员，在公安机关查处吸毒、赌博、卖淫、嫖娼活动时，为违法犯罪行为人通风报信的，或者以其他方式为上述活动提供条件的，处十日以上十五日以下拘留；情节较轻的，处五日以下拘留或者一千元以上二千元以下罚款。

◆ 思维导图

为吸毒、赌博、卖淫、嫖娼人员通风报信或者提供其他条件行为
- 旅馆业、饮食服务业、文化娱乐业、出租汽车业等单位的人员
- 在公安机关查处吸毒、赌博、卖淫、嫖娼活动时
- 为违法犯罪行为人通风报信
- 或者以其他方式为上述活动提供条件

要点注释

此类违反治安管理行为的主体具有特殊性，即仅指旅馆业、饮食服务业、文化娱乐业、出租汽车业等单位的人员。本条规定的公安机关查处的违法行为的范围具有特定性，即只有在公安机关查处吸毒、赌博、卖淫、嫖娼活动时通风报信的，才依照本条规定处罚，为其他违法犯罪活动通风报信的，不按照本条规定处罚。

拓展适用

《中华人民共和国刑法》
第 362 条

案例精析

周某组织卖淫案

案号：（2016）桂 03 刑终 209 号
来源：人民法院案例库 2023-05-1-368-005

裁判要点

组织卖淫，尤其是以容留卖淫为手段的组织卖淫与单纯的容留卖淫的主要区别在于：首先，行为人对卖淫人员的卖淫活动是否实施了管理、控制行为，即组织卖淫行为人最主要的行为特征是对卖淫活动进行了管理、控制，而容留卖淫行为人对卖淫人员的卖淫活动既不管理，更不控制，而仅仅提供固定或者临时租借的场所以及流动场所，对卖淫人员在何时卖淫、向谁卖淫、如何收费等均不过问，只收取一定的场所费用甚至不收取任何费用，至于卖淫人员的日常活动，均由卖淫人员自行安排。其次，两者在人数上也有一定的区别，即组织卖淫中的卖淫人员必须达到三人以上，而容留卖淫中的卖淫人员可以在三人以上，也可以在三人以下。如果行为人虽然实施了组织行为，但被组织卖淫人员的人数不到三人的，这种情况下只能依法降格作容留或介绍卖淫处理。

第八十八条 【社会生活噪声干扰他人】

旧（修订前）	新（修订后）
第五十八条　违反关于社会生活噪声污染防治的法律规定，制造噪声干扰他人正常生活的，处警告；警告后不改正的，处二百元以上五百元以下罚款。	第八十八条　违反关于社会生活噪声污染防治的法律法规规定，产生社会生活噪声，经基层群众性自治组织、业主委员会、物业服务人、有关部门依法劝阻、调解和处理未能制止，继续干扰他人正常生活、工作和学习的，处五日以下拘留或者一千元以下罚款；情节严重的，处五日以上十日以下拘留，可以并处一千元以下罚款。

▶ 是指超过噪声排放标准或者未依法采取防控措施产生噪声，并干扰他人正常生活、工作和学习的现象。

▶ 违反《中华人民共和国噪声污染防治法》的规定，产生社会生活噪声，经劝阻、调解和处理未能制止，持续干扰他人正常生活、工作和学习，或者有其他扰乱公共秩序、妨害社会管理等违反治安管理行为的，由公安机关依法给予治安管理处罚。

🔺 思维导图

产生社会生活噪声干扰他人生活行为
- 违反关于社会生活噪声污染防治的法律规定，产生社会生活噪声
- 经基层群众性自治组织、业主委员会、物业服务人、有关部门依法劝阻、调解和处理未能制止
- 继续干扰他人正常生活、工作和学习

要点注释

社会生活噪声，是指人为活动所产生的除工业噪声、建筑施工噪声和交通运输噪声外的干扰周围生活环境的声音。行为人在主观上是故意或者过失都可以，只要干扰了他人的正常生活就构成本行为。

拓展适用

《中华人民共和国噪声污染防治法》
第2条、第87条

案例精析

周某诉某公安分局拖延履行法定职责案

来源：最高人民法院公布10起弘扬社会主义核心价值观典型案例之案例三[①]

裁判要点

原告周某居住在长沙市某社区，部分社区居民经常在晚上八点左右在其楼下的人行道上跳广场舞，音响器材音量过大，严重影响其安静生活。周某报警要求某公安分局依法进行处理。某公安分局接警后，多次到现场劝说跳舞居民将音响音量调小，或者更换跳舞场地，但一直未有明显效果。此后，原告向人民法院起诉，要求某公安分局依法处理。人民法院经审理认为，某公安分局对于原告报警所称的部分居民在原告楼下跳广场舞并使用音响器材这一行为是否存在违法事项、是否需要进行行政处罚等实质问题并未依法予以认定，遂判决某公安分局依法对周某的报案作出处理。

判决生效后，该公安分局又数次对跳舞的居民进行劝解、教育，并加强与当地社区的合作，引导广场舞队转移至距离原处百米之外的空坪上。原告所住的社区也在政府部门的积极协调和支持下，与长沙某汽车站达成一致，将在车站附近建设一块专门用于广场舞等娱乐活动的健身场所，既避免噪声扰民，又给跳舞健身爱好者提供自由活动的场所。

[①] 《最高人民法院公布10起弘扬社会主义核心价值观典型案例》，载最高人民法院网站，https://www.court.gov.cn/zixun/xiangqing/17612.html，2025年6月24日访问。

第八十九条 【饲养动物干扰他人，违法出售、饲养危险动物，饲养动物致人伤害，驱使动物伤害他人】

旧（修订前）	新（修订后）
第七十五条 饲养动物，干扰他人正常生活的，处警告；警告后不改正的，或者放任动物恐吓他人的，处二百元以上五百元以下罚款。 驱使动物伤害他人的，依照本法第四十三条第一款的规定处罚。	**第八十九条** 饲养动物，干扰他人正常生活的，处警告；警告后不改正的，或者放任动物恐吓他人的，处一千元以下罚款。 违反有关法律、法规、规章规定，出售、饲养烈性犬等危险动物的，处警告；警告后不改正的，或者致使动物伤害他人的，处五日以下拘留或者一千元以下罚款；情节较重的，处五日以上十日以下拘留。 未对动物采取安全措施，致使动物伤害他人的，处一千元以下罚款；情节较重的，处五日以上十日以下拘留。 驱使动物伤害他人的，依照本法第五十一条的规定处罚。

思维导图

饲养动物违法行为
- 饲养动物，干扰他人正常生活，处警告；警告后不改正，或者放任动物恐吓他人
- 违反有关法律、法规、规章规定，出售、饲养烈性犬等危险动物的，处警告；警告后不改正的，或者致使动物伤害他人
- 未对动物采取安全措施，致使动物伤害他人
- 驱使动物伤害他人

要点注释

根据本条的规定，要求造成一定的后果，即要求饲养动物的行为必须干扰了他人的正常生活，如饲养的一些动物因为生性凶猛，对附近居民的出行和心理健康造成影响，或者饲养的动物经常偷吃附近居民的东西，给他人造成一定的经济损失的，或者是饲养的动物吼叫的声音非常大，影响周围居民的休息。这里的动物也是广义的概念，既包括狗、猫等家庭常见动物，也包括蛇、蜥蜴等动物。放任动物恐吓他人的行为，是指动物饲养人对于所养的动物不加以约束，对其恐吓他人的情形持放任态度等。驱使动物伤害他人，行为人主观出于故意，主观恶性程度较深，动物已经成为其伤害他人的工具，其行为性质应定性为故意伤害他人身体的行为，按照本法第五十一条的规定处罚。

拓展适用

《中华人民共和国民法典》
第7编第9章

案例精析

1. 张某甲诉张某乙饲养动物损害责任纠纷案

案号：（2021）浙10民终1364号
来源：人民法院案例库 2024-07-2-380-002

裁判要点

饲养动物的危险性并不仅指身体上的直接接触所致伤害，给他人造成的惊吓也属危险之一。被侵权人的受伤与侵权人饲养的动物使被侵权人受到惊吓的行为之间存在因果关系的，若侵权人作为动物的饲养人，未尽到合理的管理义务，不能证明被侵权人存在故意，应当承担全部赔偿责任。

2. 徐某某诉刘某某饲养动物损害责任纠纷案

案号：（2022）吉民再18号
来源：人民法院案例库 2024-07-2-380-004

裁判要点

禁止饲养的烈性犬、大型犬等危险动物造成他人损害，动物饲养人或者管理人以被侵权人、第三人存在故意或者重大过失为由，主张不承担责任或者减轻责任的，人民法院不予支持。

第四章 处罚程序

第一节 调 查

第九十条 【立案调查】

旧（修订前）	新（修订后）
第七十七条 公安机关对报案、控告、举报或者违反治安管理行为人主动投案，以及其他行政主管部门、司法机关移送的违反治安管理案件，应当及时受理，并进行登记。	第九十条 公安机关对报案、控告、举报或者违反治安管理行为人主动投案，以及其他国家机关移送的违反治安管理案件，应当立即立案并进行调查；认为不属于违反治安管理行为的，应当告知报案人、控告人、举报人、投案人，并说明理由。

是指被害人及其近亲属对侵犯自己人身权利、财产权利的违反治安管理行为向公安机关报告，要求追究违反治安管理行为人的法律责任的行为。注意，当被害人及其近亲属知道具体侵害人时，则为控告；如果只知道侵害行为发生，而不知具体侵害人，则为报案。

是指除公安机关外的其他行政主管部门、司法机关移送过来的违反治安管理案件。这主要是基于根据本法的规定，治安案件的管辖权由公安机关统一行使，防止管辖权混乱、多头执法。

思维导图

应当立即立案并进行调查的治安案件
- 报案
- 控告
- 举报
- 违反治安管理行为人主动投案
- 其他国家机关移送的违反治安管理案件

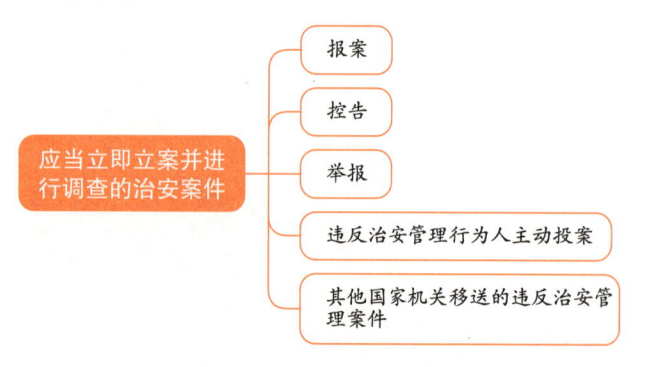

要点注释

如果公安机关认为不属于违反治安管理行为的，则应当告知相关人并说明理由。注意，此处的用词是"应当"，即公安机关在此情形下有调查、告知并说明理由的义务。

拓展适用

《公安机关办理行政案件程序规定》
第60条至第65条、第49条至第59条

案例精析

曾某与某市公安局治安处罚案

案号：（2020）湘 05 行终 66 号

来源：中国裁判文书网

裁判要点

根据《中华人民共和国治安管理处罚法》第七十七条、《公安机关办理行政案件程序规定》第六十三条的规定，公安机关在接受举报时，应当及时、如实、准确将举报人基本信息、举报内容等登记在案，举报人要求保密的，应当在受案登记时注明，作为判断行政处罚程序启动正当性的重要依据。其中，保密的范围应仅限于包括被举报人在内的社会公众，人民法院基于履行司法审查监督职责的需要，有权在审理案件必要时知悉包括举报人基本信息在内的报案详情，公安机关在诉讼中应当应人民法院的要求向审判人员如实提供，借口保密拒不提供实情的，表现为对人民法院独立审判权的不尊重，客观上妨害人民法院对行政行为正当性的全面审查判断，即使出自对保密规则的误读，亦应当承担由此带来的不利诉讼后果。本案《受案登记表》填写于 2019 年 6 月 24 日，属于事实上的办案在前、登记在后，且登记的案件来源不清、举报人信息不明，报案内容的记载有将处罚决定认定的事实"粘贴"的痕迹，不能反映举报的真实情况，不符合上述法律规定的要求。上诉人曾某在诉讼中陈述称本案来源于"金某诈骗不成后举报"、上诉主张被上诉人某市公安局涉嫌"钓鱼执法"，某市公安局并未就此提出抗辩。在法院询问该局主办民警刘某时，刘某陈述与举报人相识，但未如实提供举报人的基本信息和收缴烟花爆竹后的处理情况供法院审查，结合该局现场跟踪查获涉案烟花爆竹的过程，本院难以就曾某的主张作出否定性评价，无从确信某市公安局行政处罚过程的正当性，应当作为行政处罚程序不正当认定。

第九十一条 【严禁非法收集证据】

旧（修订前）	新（修订后）
第七十九条 公安机关及其人民警察对治安案件的调查，应当依法进行。严禁刑讯逼供或者采用威胁、引诱、欺骗等非法手段收集证据。 以非法手段收集的证据不得作为处罚的根据。	第九十一条 公安机关及其人民警察对治安案件的调查，应当依法进行。严禁刑讯逼供或者采用威胁、引诱、欺骗等非法手段收集证据。 以非法手段收集的证据不得作为处罚的根据。

根据《中华人民共和国刑事诉讼法》第五十六条的规定，采用刑讯逼供等非法方法收集的犯罪嫌疑人、被告人供述和采用暴力、威胁等非法方法收集的证人证言、被害人陈述，应当予以排除。收集物证、书证不符合法定程序，可能严重影响司法公正的，应当予以补正或者作出合理解释；不能补正或者作出合理解释的，对该证据应当予以排除。在侦查、审查起诉、审判时发现有应当排除的证据的，应当依法予以排除，不得作为起诉意见、起诉决定和判决的依据。

思维导图

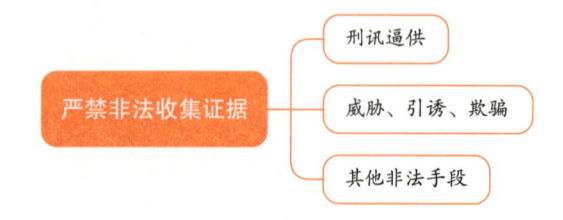

严禁非法收集证据
- 刑讯逼供
- 威胁、引诱、欺骗
- 其他非法手段

要点注释

以刑讯逼供或者采用威胁、引诱、欺骗等非法手段收集的证据，往往是当事人在迫于压力的情形下作出的，因而其虚假性极大，且与本法的基本原则不符，因此应当禁止。

此处"非法证据"的范围相当广泛，包括使用"非法手段"收集的一切证据。对于这些非法证据应当予以排除，不应作为处罚的依据。此外，如果办案人员刑讯逼供，构成犯罪的，还应当依据刑法有关规定追究刑事责任。

拓展适用

《公安机关办理行政案件程序规定》第 27 条

案例精析

普某与某市公安局某分局、某市某区人民政府司法行政管理案

案号：（2024）云 01 行终 318 号

来源：中国裁判文书网

裁判要点

本案中，某市公安局某分局民警接报案后出警，于流动赌博现场查获普某，口头传唤至某市公安局某分局接受调查。对普某提出办案人员在办案过程中未出示工作证件的问题，一审判决已经指正，但根据其于赌博现场被民警查获的到案经过，其根据生活经验可以判断系公安机关开展执法活动，在案询问笔录也记载了询问人的姓名及工作单位，故该程序瑕疵未对普某的权利义务产生实际影响。第二次询问笔录有同步录音录像予以印证，显示有两名办案人员参与询问，询问人姓名记载于询问笔录，且普某在该笔录上签字捺印以示确认。本案涉案人员较多，需对相关人员依次进行询问，办案机关基于对案情复杂程度的判断，经批准延长询问查证时间至 24 小时。根据普某第一次询问笔录记载，其于 2024 年 12 月 26 日 4 时 10 分到达，12 月 27 日 4 时离开，办案机关对普某询问查证的时间未超过 24 小时，且不存在变相拖延时间或连续传唤限制人身自由的情况。同时，开展询问查证活动并不限于日间进行，对普某的第二次询问虽在夜间进行，但询问时间较短且未采取连续询问的方式，普某精神状态正常，未提出休息需求，在询问笔录和庭审中均认可公安机关在询问期间保障了其饮食和必要的休息。办案人员李某、王某在案件办理过程中分别参与人身及随身物品的检查、询问、人员辨认、检测等程序，在上述过程中形成的检查、询问、辨认笔录、检测报告均有普某的签字确认。

依据《中华人民共和国治安管理处罚法》第七十九条、《公安机关办理行政案件程序规定》第二十七条的规定，普某的询问笔录和现场辨认笔录系于询问查证期限内完成，无刑讯逼供和以威胁、欺骗等非法方法收集证据的情况，保证了当事人的陈述申辩权利和必要的饮食及休息时间，普某在接受询问时精神状态正常，自述有阅读能力，并在笔录中签字确认，上述笔录可以作为定案依据。

第九十二条 【收集、调取证据】

> 第九十二条 公安机关办理治安案件，有权向有关单位和个人收集、调取证据。有关单位和个人应当如实提供证据。
>
> 公安机关向有关单位和个人收集、调取证据时，应当告知其必须如实提供证据，以及伪造、隐匿、毁灭证据或者提供虚假证言应当承担的法律责任。

思维导图

- 公安机关收集、调取证据
  - 公安机关办理治安案件，有权向有关单位和个人收集、调取证据。有关单位和个人应当如实提供证据
  - 公安机关向有关单位和个人收集、调取证据时
    - 应当告知其必须如实提供证据
    - 应当告知其伪造、隐匿、毁灭证据或者提供虚假证言应当承担的法律责任

案例精析

1. 刘某等诉某市某区人民政府行政赔偿案

案号：（2020）最高法行赔申 406 号

来源：人民法院案例库 2024-12-3-020-003

裁判要点

（1）在征收房屋过程中，因行政机关违法强拆无证房屋引发的行政赔偿诉讼，原告因房屋灭失而对房屋面积不能举证，符合"因被告的原因导致原告无法举证的，由被告承担举证责任"的情形，应当由被告承担举证证明房屋面积的责任。

（2）人民法院通过审理发现案件中的关键证据双方明显可以直接提供而未提供，或者发现关键证据当事人很难获取而法院明显能够直接调取，则应当依据《中华人民共和国行政诉讼法》第三十九条、第四十条的规定要求双方提供证据或者主动调取证据。如法院不行使上述职权，而要求双方另行提供证据再提起诉讼，属不当行使审判权。

2. 徐某、郑某帮助伪造证据案

案号：（2013）浙衢刑终字第 92 号
来源：人民法院案例库 2023-05-1-292-001

裁判要点

（1）民事诉讼中当庭所作的虚假证言属于帮助伪造证据罪中的"证据"。当庭所作虚假陈述对法官判断证据及认定事实的影响一般高于物化的证人证言，帮助伪造物化的证人证言可能成立犯罪，而当庭作虚假陈述的行为被排除在犯罪之外，不符合立法本意。且证人当庭所作的证言与物化的证人证言在本质上并无区别。

（2）在庭审过程中对关键证据进行虚假陈述属于帮助伪造证据"情节严重"。对关键证据的虚假陈述，往往会严重扰乱人民法院的正常审判秩序，并严重侵害对方当事人的权益，具有较大的社会危害性，应当认定为"情节严重"。

第九十三条 【其他案件证据材料的使用】

第九十三条 在办理刑事案件过程中以及其他执法办案机关在移送案件前依法收集的物证、书证、视听资料、电子数据等证据材料，可以作为治安案件的证据使用。

▶根据《中华人民共和国刑事诉讼法》第五十条的规定，可以用于证明案件事实的材料，都是证据。证据包括：（1）物证；（2）书证；（3）证人证言；（4）被害人陈述；（5）犯罪嫌疑人、被告人供述和辩解；（6）鉴定意见；（7）勘验、检查、辨认、侦查实验等笔录；（8）视听资料、电子数据。证据必须经过查证属实，才能作为定案的根据。

思维导图

证据材料的使用
- 在办理刑事案件过程中依法收集的证据
- 其他执法办案机关在移送案件前依法收证据材料集的证据材料

拓展适用

《中华人民共和国刑事诉讼法》
第 50 条、第 62 条

《中华人民共和国监察法》
第 36 条

案例精析

王某、秦某容留卖淫案

案号：（2013）通中刑终字第 13 号

来源：人民法院案例库 2024-18-1-371-001

裁判要点

行政机关在行政执法过程中收集的物证、书证、视听资料、电子数据，在刑事诉讼中可以作为证据使用；与之不同的是，所收集的言词证据在刑事诉讼中一般不得直接作为证据使用，而应当重新收集或者予以转化。对重新收集或者转化的证据材料，经法庭查证属实，且收集程序符合有关法律、行政法规规定的，才可以作为定案的根据。公安机关在办理治安案件中收集证据材料，亦应适用上述规则。

第九十四条 【保密义务】

旧（修订前）	新（修订后）
第八十条 公安机关及其人民警察在办理治安案件时，对涉及的国家秘密、商业秘密或者个人隐私，应当予以保密。	第九十四条 公安机关及其人民警察在办理治安案件时，对涉及的国家秘密、商业秘密、个人隐私或者个人信息，应当予以保密。

▶ 是指关系国家的安全和利益，依照法定程序确定，在一定时期内只限于一定范围的人知悉的事项。国家秘密分为绝密、机密、秘密三级。

▶ 是指不为公众所知悉，能给权利人带来经济利益，具有实用性并经权利人采取保密措施的技术信息和经营信息。

▶ 主要是指纯粹个人的，与公众无关的，当事人不愿意让他人知道或他人不便知道的信息。

是指以电子或者其他方式记录的与已识别或者可识别的自然人有关的各种信息，不包括匿名化处理后的信息。

▲ 思维导图

公安机关的保密义务
- 国家秘密
- 商业秘密
- 个人隐私
- 个人信息

案例精析

某公司诉某专利复审委员会、第三人王某实用新型专利无效行政纠纷案

案号：（2007）行提字第 3 号
来源：人民法院案例库 2023-09-3-024-020

裁判要点

企业标准备案并不意味着备案的企业标准当然会被备案管理机关予以全部公开，通常社会公众也不能自由获得企业标准的具体内容，因此企业标准备案不能当然构成专利法意义上的公开。

拓展适用

《公安机关办理行政案件程序规定》
第 8 条
《中华人民共和国个人信息保护法》
第 4 条

第九十五条 【人民警察的回避】

旧（修订前）	新（修订后）
第八十一条　人民警察在办理治安案件过程中，遇有下列情形之一的，应当回避；违反治安管理行为人、被侵害人或者其法定代理人也有权要求他们回避： （一）是本案当事人或者当事人的近亲属的； （二）本人或者其近亲属与本案有利害关系的； （三）与本案当事人有其他关系，可能影响案件公正处理的。 人民警察的回避，由其所属的公安机关决定；公安机关负责人的回避，由上一级公安机关决定。	第九十五条　人民警察在办理治安案件过程中，遇有下列情形之一的，应当回避；违反治安管理行为人、被侵害人或者其法定代理人也有权要求他们回避： （一）是本案当事人或者当事人的近亲属的； （二）本人或者其近亲属与本案有利害关系的； （三）与本案当事人有其他关系，可能影响案件公正处理的。 人民警察的回避，由其所属的公安机关决定；公安机关负责人的回避，由上一级公安机关决定。

> 是指办理治安案件的人民警察等与案件有法定的利害关系或者其他可能影响案件公正处理的关系，不得参与该治安案件活动的一种制度。

思维导图

人民警察应当回避的情形
- 是本案当事人或者当事人的近亲属的
- 本人或者其近亲属与本案有利害关系的
- 与本案当事人有其他关系，可能影响案件公正处理的

要点注释

本条第一款是关于回避的提出及回避的条件的规定。本法赋予了违反治安管理行为人、被侵害人及其法定代理人遇有法定情形时的申请回避权，以保障他们的合法权益。当事人提出申请回避的，既可以书面提出，也可以口头提出。本条第二款规定的是回避的决定机关。根据本款规定，回避的决定机关是公安机关而不是公安机关负责人。

> **拓展适用**
>
> 《公安机关办理行政案件程序规定》
> 第 17 条至第 25 条

案例精析

1. 赵某某与某市公安局某区分局妨碍公务行政处罚案

案号：（2014）济行终字第 27 号
来源：中国裁判文书网

裁判要点

根据《中华人民共和国治安管理处罚法》第八十一条的规定，民警田某、胡某既参与了对赵某某的强制传唤行动，是被赵某某阻碍执行职务的民警之一，又在行政处罚案件中，代表行政机关调查赵某某在被强制传唤过程中是否存在阻碍民警执行职务的行为。简言之，二人既是行政执法过程中的一方当事人，又是行政处罚过程中的调查人，且该调查的结果直接影响着行政处罚决定的内容。由此可见，二人在行政处罚过程中，如不回避，则严重违反回避原则，违背程序公正原则，上诉人关于"办案民警应当自行回避"的上诉主张，法院予以支持。

2. 某建材公司诉某区人民政府事故调查报告批复案

案号：（2020）沪行终 280 号
来源：人民法院案例库 2024-12-3-014-001

裁判要点

在事故调查过程中，调查组成员参与事故调查是其职务行为，如果其所在行政机关与事故调查结果之间存在利害关系，该行政机关与其工作人员均应当回避。如果该行政机关因其职权的内容和特点，在事故调查过程中负有不可替代的辅助性职责的，该行政机关可以派员参与事故调查组，但应当设置相应的程序确保该行政机关的工作人员不能参与事故调查过程及调查报告的讨论和决定程序。

第九十六条　【传唤与强制传唤】

旧（修订前）	新（修订后）
第八十二条　需要传唤违反治安管理行为人接受调查的，经公安机关办案部门负责人批准，使用传唤证传唤。对现场发现的违反治安管理行为人，人民警察经出示工作证件，可以口头传唤，但应当在询问笔录中注明。 公安机关应当将传唤的原因和依据告知被传唤人。对无正当理由不接受传唤或者逃避传唤的人，可以强制传唤。	**第九十六条**　需要传唤违反治安管理行为人接受调查的，经公安机关办案部门负责人批准，使用传唤证传唤。对现场发现的违反治安管理行为人，人民警察经出示人民警察证，可以口头传唤，但应当在询问笔录中注明。 公安机关应当将传唤的原因和依据告知被传唤人。对无正当理由不接受传唤或者逃避传唤的人，经公安机关办案部门负责人批准，可以强制传唤。

思维导图

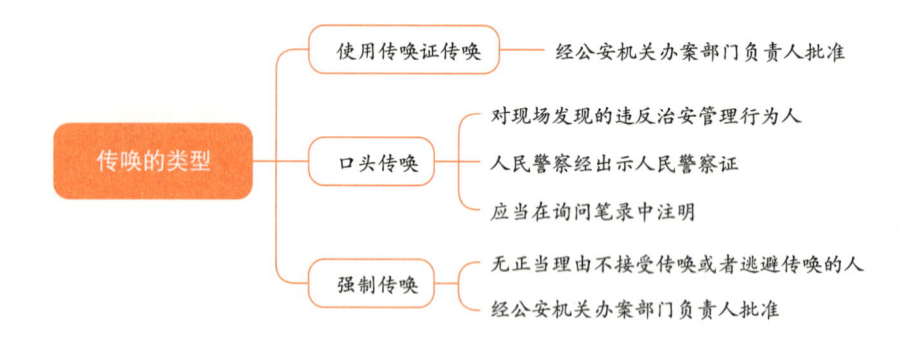

- **传唤的类型**
  - 使用传唤证传唤
    - 经公安机关办案部门负责人批准
  - 口头传唤
    - 对现场发现的违反治安管理行为人
    - 人民警察经出示人民警察证
    - 应当在询问笔录中注明
  - 强制传唤
    - 无正当理由不接受传唤或者逃避传唤的人
    - 经公安机关办案部门负责人批准

拓展适用

《公安机关办理行政案件程序规定》
第 66 条至第 69 条

案例精析

陈某诉某市某县公安局行政强制案

案号：（2017）渝 03 行终 22 号
来源：人民法院案例库 2023-12-3-002-002

裁判要点

根据《中华人民共和国行政强制法》的规定，我国将行政强制分为行政强制措施和行政强制执行，口头传唤是一种行政强制措施。

根据《中华人民共和国行政强制法》第二条第二款的规定，合法的行政强制措施至少有以下四个特点：第一，行政性，即行政强制措施是有权的行政主体依法定程序作出的行政行为；第二，控制性，即具有强制性，能够对行政相对人的人身或财产权益进行一定的强制控制；第三，暂时性，即该措施是并非对行政相对人相关权利的最终处分；第四，限制性，即实施行政强制措施应当进行限制，其适用条件必须是"为制止违法行为、防止证据损毁、避免危害发生、控制危险扩大等情形"。判断口头传唤是否违法，要同时具备上述四个特点，防止偏颇。

第九十七条 【询问查证时限和通知家属】

旧（修订前）	新（修订后）
第八十三条 对违反治安管理行为人，公安机关传唤后应当及时询问查证，询问查证的时间不得超过八小时；情况复杂，依照本法规定可能适用行政拘留处罚的，询问查证的时间不得超过二十四小时。 公安机关应当及时将传唤的原因和处所通知被传唤人家属。	第九十七条 对违反治安管理行为人，公安机关传唤后应当及时询问查证，询问查证的时间不得超过八小时；涉案人数众多、违反治安管理行为人身份不明的，询问查证的时间不得超过十二小时；情况复杂，依照本法规定可能适用行政拘留处罚的，询问查证的时间不得超过二十四小时。在执法办案场所询问违反治安管理行为人，应当全程同步录音录像。 公安机关应当及时将传唤的原因和处所通知被传唤人家属。 询问查证期间，公安机关应当保证违反治安管理行为人的饮食、必要的休息时间等正当需求。

根据《中华人民共和国反间谍法》第二十七条第一款的规定，需要传唤违反本法的人员接受调查的，经国家安全机关办案部门负责人批准，使用传唤证传唤。对现场发现的违反本法的人员，国家安全机关工作人员依照规定出示工作证件，可以口头传唤，但应当在询问笔录中注明。传唤的原因和依据应当告知被传唤人。对无正当理由拒不接受传唤或者逃避传唤的人，可以强制传唤。

思维导图

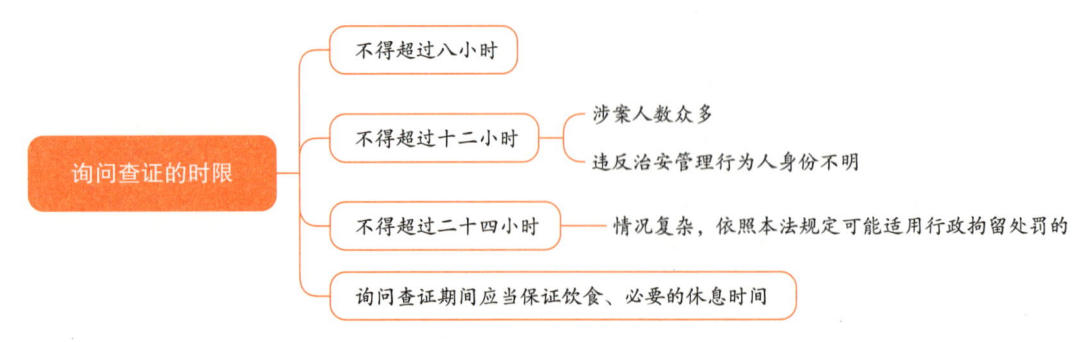

- 询问查证的时限
  - 不得超过八小时
  - 不得超过十二小时
    - 涉案人数众多
    - 违反治安管理行为人身份不明
  - 不得超过二十四小时 —— 情况复杂，依照本法规定可能适用行政拘留处罚的
  - 询问查证期间应当保证饮食、必要的休息时间

要点注释

《公安机关办理行政案件程序规定》第六十九条第二款规定，不得以连续传唤的形式变相拘禁违法嫌疑人。因此，在原则上不允许连续传唤。但是，在一次传唤的询问查证时间届满后，如果案情还未查清或者有证据需要核实的，是可以再次传唤违反治安管理行为的行为人的，但是不得以连续传唤的形式限制其人身自由。即在两次传唤之间应有一个合理的间隔时间，这段时间以行为人有一定的自由活动、休息的时间为宜。

拓展适用

《公安机关办理行政案件程序规定》
第70条至第72条

案例精析

唐某诉某县公安局确认行政行为违法案

案号：（2020）豫03行终407号
来源：人民法院案例库 2024-12-3-007-004

裁判要点

1. 公安机关是否有权对涉嫌吸毒人员采取强制检测措施的问题。《中华人民共和国禁毒法》和《公安机关办理行政案件程序规定》规定，公安机关可以对涉嫌吸毒的人员进行必要的检测，被检测人员应当予以配合；对拒绝接受检测的，经县级以上人民政府公安机关或者其派出机构负责人批准，可以强制检测。根据上述规定，警方在涉嫌吸毒的人员不配合检测的情况下，确有强制传唤、强制检测的权力。

2. 公安机关对异地的涉嫌吸毒案件是否有管辖权，程序是否违法问题。《公安机关办理行政案件程序规定》第十五条规定，行政案件由违法行为地的公安机关管辖。由违法行为人居住地公安机关管辖更为适宜的，可以由违法行为人居住地公安机关管辖，但是涉及卖淫、嫖娼、赌博、毒品的案件除外。对于重大、复杂的案件，上级公安机关可以直接办理或者指定管辖。上级公安机关直接办理或者指定管辖的，应当书面通知被指定管辖的公安机关和其他有关的公安机关。

第九十八条 【制作询问笔录，询问未成年人】

旧（修订前）	新（修订后）
第八十四条 询问笔录应当交被询问人核对；对没有阅读能力的，应当向其宣读。记载有遗漏或者差错的，被询问人可以提出补充或者更正。被询问人确认笔录无误后，应当签名或者盖章，询问的人民警察也应当在笔录上签名。 被询问人要求就被询问事项自行提供书面材料的，应当准许；必要时，人民警察也可以要求被询问人自行书写。 询问不满十六周岁的违反治安管理行为人，应当通知其父母或者其他监护人到场。	第九十八条 询问笔录应当交被询问人核对；对没有阅读能力的，应当向其宣读。记载有遗漏或者差错的，被询问人可以提出补充或者更正。被询问人确认笔录无误后，应当签名、盖章或者按指印，询问的人民警察也应当在笔录上签名。 被询问人要求就被询问事项自行提供书面材料的，应当准许；必要时，人民警察也可以要求被询问人自行书写。 询问不满十八周岁的违反治安管理行为人，应当通知其父母或者其他监护人到场；其父母或者其他监护人不能到场的，也可以通知其他成年亲属，所在学校、单位、居住地基层组织或者未成年人保护组织的代表等合适成年人到场，并将有关情况记录在案。确实无法通知或者通知后未到场的，应当在笔录中注明。

◇ 思维导图

询问不满十八周岁人
- 应当通知其父母或者其他监护人到场
- 其父母或者其他监护人不能到场的，可以通知其他合适成年人到场
  - 其他成年亲属
  - 所在学校、单位、居住地基层组织的代表
  - 未成年人保护组织的代表
  - 其他
- 确实无法通知或者通知后未到场的，应当在笔录中注明

> **拓展适用**
>
> 《公安机关办理行政案件程序规定》
> 第 75 条、第 77 条、第 80 条

案例精析

郭某、某县公安局司法行政管理案

案号：（2021）冀 09 行终 28 号
来源：中国裁判文书网

裁判要点

《中华人民共和国治安管理处罚法》第八十四条第一款规定，询问笔录应当交被询问人核对；对没有阅读能力的，应当向其宣读。记载有遗漏或者差错的，被询问人可以提出补充或者更正。被询问人确认笔录无误后，应当签名或者盖章，询问的人民警察也应当在笔录上签名。据此，本案某县公安局对上诉人所作两次询问笔录，均由上诉人核对并确认无误后签名捺手印，办案人民警察亦在该询问笔录上签名。上诉人具有完全民事行为能力，其在核对笔录后未提出该笔录记载有遗漏或者差错，亦未提出补充或者更正。故，法院对上诉人的第二次询问笔录虽然已签名捺手印，但笔录记载内容与上诉人当时陈述不一致的主张不予支持。

第九十九条 【询问被侵害人和其他证人】

旧（修订前）	新（修订后）
第八十五条　人民警察询问被侵害人或者其他证人，可以到其所在单位或者住处进行；必要时，也可以通知其到公安机关提供证言。 人民警察在公安机关以外询问被侵害人或者其他证人，应当出示工作证件。 询问被侵害人或者其他证人，同时适用本法第八十四条的规定。	第九十九条　人民警察询问被侵害人或者其他证人，可以在现场进行，也可以到其所在单位、住处或者其提出的地点进行；必要时，也可以通知其到公安机关提供证言。 人民警察在公安机关以外询问被侵害人或者其他证人，应当出示人民警察证。 询问被侵害人或者其他证人，同时适用本法第九十八条的规定。

▶ 根据实际情况决定，如案情涉及国家秘密，为了防止泄密的；或者证人与被侵害人的近亲属与此案有利害关系的等。

思维导图

询问被侵害人和其他证人的地点
- 在现场
- 到其所在单位、住处
- 到其提出的地点
- 必要时，也可以通知其到公安机关提供证言

要点注释

证人与被侵害人都不是违反治安管理行为的人，因此对他们进行询问时不得使用传唤的方式。原则上询问被侵害人或者其他证人，应到其所在单位或者住处进行。必要时，也可以通知其到公安机关提供证言。人民警察询问被侵害人或者其他证人的应当出示工作证，消除当事人的戒备心理，放下包袱配合询问工作。

第一百条 【代为询问、远程视频询问】

第一百条 违反治安管理行为人、被侵害人或者其他证人在异地的,公安机关可以委托异地公安机关代为询问,也可以通过公安机关的视频系统远程询问。

通过远程视频方式询问的,应当向被询问人宣读询问笔录,被询问人确认笔录无误后,询问的人民警察应当在笔录上注明。询问和宣读过程应当全程同步录音录像。

思维导图

违反治安管理行为人、被侵害人或者其他证人在异地 —— 委托异地公安机关代为询问
　　　　　　　　　　　　　　　　　　　　　　—— 通过公安机关的视频系统远程询问

拓展适用

《中华人民共和国刑事诉讼法》
第 83 条

《中华人民共和国监察法实施条例》
第 65 条

第一百零一条 【询问聋哑人和不通晓当地通用的语言文字的人】

旧（修订前）	新（修订后）
第八十六条 询问聋哑的违反治安管理行为人、被侵害人或者其他证人，应当有通晓手语的人提供帮助，并在笔录上注明。 询问不通晓当地通用的语言文字的违反治安管理行为人、被侵害人或者其他证人，应当配备翻译人员，并在笔录上注明。	第一百零一条 询问聋哑的违反治安管理行为人、被侵害人或者其他证人，应当有通晓手语等交流方式的人提供帮助，并在笔录上注明。 询问不通晓当地通用的语言文字的违反治安管理行为人、被侵害人或者其他证人，应当配备翻译人员，并在笔录上注明。

思维导图

询问中的语言帮助
- 聋哑人 —— 应当有通晓手语等交流方式的人提供帮助，并在笔录上注明
- 不通晓当地通用的语言文字 —— 应当配备翻译人员，并在笔录上注明

拓展适用

《公安机关办理行政案件程序规定》第76条

案例精析

郭某与某县公安局治安行政处罚案

案号：（2016）辽04行终167号

来源：中国裁判文书网

裁判要点

《公安机关办理行政案件程序规定》第六十二条规定，询问聋哑人，应当有通晓手语的人提供帮助，并在询问笔录中注明被询问人的聋哑情况。被上诉人对上诉人的询问并未使上诉人的合法权利受到损害，故该程序并无不当。

第一百零二条 【检查和提取、采集生物信息或样本】

第一百零二条 为了查明案件事实,确定违反治安管理行为人、被侵害人的某些特征、伤害情况或者生理状态,需要对其人身进行检查,提取或者采集肖像、指纹信息和血液、尿液等生物样本的,经公安机关办案部门负责人批准后进行。对已经提取、采集的信息或者样本,不得重复提取、采集。提取或者采集被侵害人的信息或者样本,应当征得被侵害人或者其监护人同意。

◇ 思维导图

检查和提取、采集生物信息或样本
- 为了查明案件事实,确定违反治安管理行为人、被侵害人的某些特征、伤害情况或者生理状态
- 经公安机关办案部门负责人批准
- 对已经提取、采集的信息或者样本,不得重复提取、采集

第一百零三条 【对有关场所、物品及人身的检查】

旧（修订前）	新（修订后）
第八十七条 公安机关对与违反治安管理行为有关的场所、物品、人身可以进行检查。检查时，人民警察不得少于二人，并应当出示工作证件和县级以上人民政府公安机关开具的检查证明文件。对确有必要立即进行检查的，人民警察经出示工作证件，可以当场检查，但检查公民住所应当出示县级以上人民政府公安机关开具的检查证明文件。 检查妇女的身体，应当由女性工作人员进行。	**第一百零三条** 公安机关对与违反治安管理行为有关的场所或者违反治安管理行为人的人身、物品可以进行检查。检查时，人民警察不得少于二人，并应当出示人民警察证。 对场所进行检查的，经县级以上人民政府公安机关负责人批准，使用检查证检查；对确有必要立即进行检查的，人民警察经出示人民警察证，可以当场检查，并应当全程同步录音录像。检查公民住所应当出示县级以上人民政府公安机关开具的检查证。 检查妇女的身体，应当由女性工作人员或者医师进行。

▶ 是指公安机关及其人民警察办理治安案件时，对场所、物品以及人身进行检验查看的一项调查取证的强制性措施。

思维导图

检查时应遵守的程序
- 人民警察不得少于二人，并应当出示人民警察证
- 对场所进行检查：经县级以上人民政府公安机关负责人批准，使用检查证检查；对确有必要立即进行检查的，人民警察经出示人民警察证，可以当场检查，并应当全程同步录音录像
- 检查妇女的身体，应当由女性工作人员或者医师进行

要点注释

"确有必要立即进行检查",主要指现场发现的违反治安管理行为人、具有违反治安管理行为可能,如非法携带管制刀具,以及逃避治安处罚的违反治安管理行为等。

拓展适用

《公安机关办理行政案件程序规定》
第 53 条、第 82 条至第 84 条

《公安机关执行〈中华人民共和国治安管理处罚法〉有关问题的解释(二)》
第 10 条

案例精析

某国际贸易有限公司诉某区市场监督管理局列入经营异常名录纠纷案

案号:(2021)京 03 行终 306 号
来源:人民法院案例库 2024-12-3-015-005

裁判要点

综合考量企业信用监管制度设立目的,将企业列入经营异常名录决定的性质、产生的法律后果等因素,《企业经营异常名录管理暂行办法》中规定的"通过登记的住所或者经营场所无法联系",应指通过现场检查确认企业不在登记的注册地或经营地经营,或者通过履行法定程序可以推定其不在上述地点经营,即市场监管部门应以查实"不在此地经营"为执法标准。市场监管部门仅通过一次现场检查时企业"现场锁门""敲门无人应答""未见相关牌匾"等"检查时无人"情形,就简单、机械认定企业"不在此地经营"的,人民法院应当认定列入异常名录决定事实认定不清、法律适用错误。

第一百零四条 【检查笔录的制作】

旧（修订前）	新（修订后）
第八十八条 检查的情况应当制作检查笔录，由检查人、被检查人和见证人签名或者盖章；被检查人拒绝签名的，人民警察应当在笔录上注明。	**第一百零四条** 检查的情况应当制作检查笔录，由检查人、被检查人和见证人签名、盖章或者按指印；被检查人不在场或者被检查人、见证人拒绝签名的，人民警察应当在笔录上注明。

◆ 思维导图

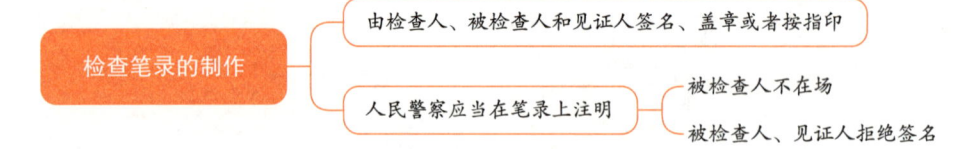

- 检查笔录的制作
  - 由检查人、被检查人和见证人签名、盖章或者按指印
  - 人民警察应当在笔录上注明
    - 被检查人不在场
    - 被检查人、见证人拒绝签名

要点注释

检查笔录作为一种现场笔录，是人民警察依法对违反治安管理的行为有关的场所、物品、人身检查后，将检查过程按照检查的顺序如实地记录下来，写明检查的时间、地点、过程、发现的证据，提取和扣押证据的名称、数量、特征及其他与违反治安管理行为有关的线索等，以便存查和分析案情。为了保证检查笔录的真实性、合法性、客观性，执行检查的人民警察、被检查人和见证人应当签名或者盖章，拒绝签名的，由人民警察在检查笔录上注明。

拓展适用

《公安机关办理行政案件程序规定》
第 86 条

案例精析

李某故意杀人案

案号：（2018）皖刑终 168 号

来源：人民法院案例库 2023-03-1-177-002

裁判要点

对缺乏客观性证据的案件，审查、分析时不能简单地罗列证据，而是要抓住关键证据进行深入分析，抓住主要矛盾点，从整体上去把握证据。主要应从以下两个方面着手审查证据。

1. 审查判断被告人的有罪供述是否真实、可信，翻供理由是否合理，是否适用非法证据排除

在司法审判中，法官在面对被告人翻供时，应当客观中立地进行倾听、审查。首先，应当对被告人翻供的言谈、举止、表情、心态、陈述的口气等进行观察，从直觉上对被告人翻供是否有理作出经验判断。其次，为了查清翻供理由是否成立，法官还应充分发挥法庭讯问、举证、质证功能，运用交叉询问规则来查明案件事实。法官可以充分引导控辩双方就翻供是否有理进行举证、质证和辩论，认真听取控辩双方的不同意见，在争辩中发现被告人的前后供述的矛盾之处，并在全面掌握案件的基本事实上，对每一份供述进行认真的审查，最终找出最贴近事实真相的供述。在必要的情况下，法官还可以依职权对被告人就有关的问题进行发问，以此来打消心中的疑虑，增强内心确信。

2. 审查其他间接证据是否能与被告人的有罪供述相互印证，形成完整的证据锁链，并排除合理怀疑。

（1）结合其他言词证据进行审查判断。主要是将被告人的供述与证人证言等言词证据进行对比、分析，查看是否存在矛盾以及对这些矛盾能否作出合理解释。

（2）将被告人的有罪供述与物证、书证等实物证据对比审查。审查时要将被告人的多份供述与客观提取的物证、书证等实物证据进行比对，将被告人的每一份供述与现场勘查提取的物证、书证等证据按照时间顺序排列，详细辨明被告人供述与这些客观性证据的先后顺序，分析是"先供后证"还是"先证后供"，以及是否存在人为制造的"先供后证"等情况。一般而言，在排除非法取证的前提下，如果根据被告人的供述提取到隐蔽性很强的实物证据，则被告人的供述具有较强的可信性、真实性。

（3）将被告人的有罪供述同尸体检验意见、尸体照片等证据进行比对审查。被告人有罪供述中供认了采取何种方式杀害被害人，在审查证据时着重应对尸体照片、尸体检验意见中有关被害人伤情部位及形成原因等细节进行审查判断，看能否与被告人的有罪供述相互印证，特别是细节之处能否对应。

（4）将被告人的有罪供述与现场勘验检查笔录等证据进行比对审查。现场勘验检查笔录及照片是能够客观反映案发现场的重要证据，将被告人的有罪供述中对案发现场，特别是细节之处的描述，与现场勘验检查笔录、照片中反映的情况进行细致的比对，看二者能否对应。在办理刑事案件过程中，法官还应视案件情况到案发现场进行查看，身临其境往往能够看到卷宗内现场勘验检查笔录和照片所不能反映的情况。

（5）综合全案证据，依照法律程序，排除一切合理怀疑。通过重点审查关键证据的客观性、关联性和合法性，可以充分认识并发挥现有证据的证明力。通过查看案发现场、同侦破该案的公安人员座谈、走访部分证人、请专家证人出庭作证等，可以加强对现有证据的内心确认，排除一切合理怀疑。

第一百零五条 【对物品的扣押】

旧（修订前）	新（修订后）
第八十九条　公安机关办理治安案件，对与案件有关的需要作为证据的物品，可以扣押；对被侵害人或者善意第三人合法占有的财产，不得扣押，应当予以登记。对与案件无关的物品，不得扣押。 对扣押的物品，应当会同在场见证人和被扣押物品持有人查点清楚，当场开列清单一式二份，由调查人员、见证人和持有人签名或者盖章，一份交给持有人，另一份附卷备查。 对扣押的物品，应当妥善保管，不得挪作他用；对不宜长期保存的物品，按照有关规定处理。经查明与案件无关的，应当及时退还；经核实属于他人合法财产的，应当登记后立即退还；满六个月无人对该财产主张权利或者无法查清权利人的，应当公开拍卖或者按照国家有关规定处理，所得款项上缴国库。	第一百零五条　公安机关办理治安案件，对与案件有关的需要作为证据的物品，可以扣押；对被侵害人或者善意第三人合法占有的财产，不得扣押，应当予以登记，但是对其中与案件有关的必须鉴定的物品，可以扣押，鉴定后应当立即解除。对与案件无关的物品，不得扣押。 对扣押的物品，应当会同在场见证人和被扣押物品持有人查点清楚，当场开列清单一式二份，由调查人员、见证人和持有人签名或者盖章，一份交给持有人，另一份附卷备查。 实施扣押前应当报经公安机关负责人批准；因情况紧急或者物品价值不大，当场实施扣押的，人民警察应当及时向其所属公安机关负责人报告，并补办批准手续。公安机关负责人认为不应当扣押的，应当立即解除。当场实施扣押的，应当全程同步录音录像。 对扣押的物品，应当妥善保管，不得挪作他用；对不宜长期保存的物品，按照有关规定处理。经查明与案件无关或者经核实属于被侵害人或者他人合法财产的，应当登记后立即退还；满六个月无人对该财产主张权利或者无法查清权利人的，应当公开拍卖或者按照国家有关规定处理，所得款项上缴国库。

思维导图

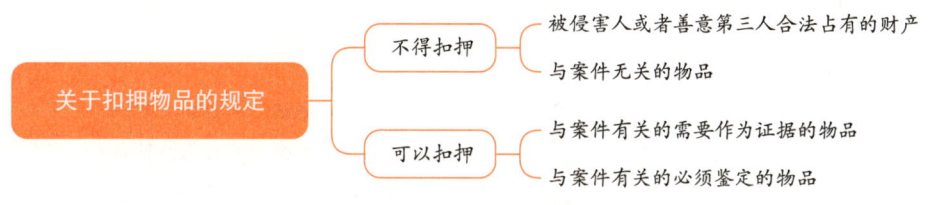

- 关于扣押物品的规定
  - 不得扣押
    - 被侵害人或者善意第三人合法占有的财产
    - 与案件无关的物品
  - 可以扣押
    - 与案件有关的需要作为证据的物品
    - 与案件有关的必须鉴定的物品

要点注释

《公安机关办理行政案件程序规定》第一百一十二条第一款规定，扣押期限为三十日，情况复杂的，经县级以上公安机关负责人批准，可以延长三十日；法律、行政法规另有规定的除外。延长扣押期限的，应当及时书面告知当事人，并说明理由。可见对于扣押的财产，公安机关不得无限期地扣押，应当在法定期限内处理。

拓展适用

《公安机关办理行政案件程序规定》
第 111 条、第 112 条

案例精析

韩某诉某街道办事处、某区生态环境局等扣押财物及行政赔偿案

案号：（2023）沪 03 行终 193 号

来源：人民法院案例库 2024-11-3-002-001

裁判要点

（1）在当场采取强制行为又未制作要式决定书的情况下，应从行为属性、行政职权范围、具体实施人员的隶属关系等方面进行审查，依法准确认定责任主体，对强制行为进行合法性审查。

（2）相对人对违法行政强制措施主张赔偿，应当对损害事实提供证据，但因行政机关未依法制作书面决定等导致扣押物品难以查清的，应由行政机关承担举证不能的责任。对相对人主张的生产和生活物品的合理损失，予以支持。

第一百零六条 【鉴定】

旧（修订前）	新（修订后）
第九十条 为了查明案情，需要解决案件中有争议的专门性问题的，应当指派或者聘请具有专门知识的人员进行鉴定；鉴定人鉴定后，应当写出鉴定意见，并且签名。	第一百零六条 为了查明案情，需要解决案件中有争议的专门性问题的，应当指派或者聘请具有专门知识的人员进行鉴定；鉴定人鉴定后，应当写出鉴定意见，并且签名。

> 是指公安机关在查处违反治安管理的案件时，为了解决案件的专门性问题，指派或者聘请具有专门知识的人进行鉴定，并提供鉴定意见的活动。

◇ 思维导图

```
           ┌─ 目的 ── 查明案情，需要解决案件中有争议的专门性问题
   鉴定 ───┼─ 主体 ── 指派或者聘请具有专门知识的人员
           └─ 程序 ── 鉴定人鉴定后，应当写出鉴定意见，并且签名
```

要点注释

鉴定的对象限于"案件中有争议的专门性问题"。实践中，需要通过鉴定解决的专门性问题包括：伤情鉴定、价格鉴定、违禁品和危险品鉴定、精神病鉴定、毒品尿样鉴定、声像资料鉴定。鉴定人可以由公安机关指派或者聘请，但必须是"具有专门知识的人员"。鉴定人在鉴定活动结束后，必须出具鉴定意见。鉴定意见必须是书面的并且由鉴定人签名。在案件的审理过程中，鉴定意见只是众多的证据材料中的一种，需要经过双方当事人的质证才能作为定案的依据。

> **拓展适用**
>
> 《公安机关办理行政案件程序规定》
> 第 87 条至第 100 条

案例精析

1. 李某、某市公安局某分局与刘某某、某市人民政府行政拘留案

案号：（2023）黑行申 170 号
来源：中国裁判文书网

裁判要点

关于刘某某伤情的认定问题。根据《中华人民共和国治安管理处罚法》第九十条、《公安机关办理行政案件程序规定》第九十七条、第九十八条、第九十九条的规定可知，公安机关为查清案件事实可委托鉴定机构对被侵害人的伤情进行鉴定，亦可依法决定重新鉴定。违法嫌疑人或者被侵害人对鉴定意见有异议的可以申请重新鉴定，且同一行政案件的同一事项重新鉴定以一次为限。本案中，某市公安局某分局委托某司法鉴定中心作出《司法鉴定意见书》认定："刘某某左手第一掌骨远端撕脱性骨折，已构成轻伤二级。"2021 年 7 月 2 日，某司法鉴定中心出具情况说明称"刘某某左手损伤与行为人李某之间无因果关系，非李某所为。《司法鉴定意见书》作出的轻伤二级鉴定意见不能作为本次案件证据使用。"同时，李某对《司法鉴定意见书》有异议，申请重新鉴定。2021 年 12 月 31 日，司法鉴定科学研究院作出的《司法鉴定意见书》（以下简称 5642 号鉴定）认定："被鉴定人刘某某于 2020 年 11 月 5 日与他人发生冲突时受伤，致左手第一掌骨远端新鲜撕脱性骨折，其成伤机制属于钝性间接暴力作用；上述损伤已构成轻微伤。"根据前述法律规定并结合原审在卷其他证据可证实，刘某某的伤情鉴定意见应以 5642 号鉴定为准。

2. 胡某诉某区人民政府行政赔偿案

案号：（2021）最高法行赔申 551 号
来源：人民法院案例库 2023-12-3-020-008

裁判要点

在行政赔偿、补偿案件中，因被告的原因导致原告无法就损害情况举证的，应当由被告就该损害情况承担举证责任。对于各方主张损失的价值无法认定的，应当由负有举证责任的一方当事人申请鉴定，但法律、法规、规章规定行政机关在作出行政行为时，依法应当评估或者鉴定的除外；负有举证责任的当事人拒绝申请鉴定的，由其承担不利的法律后果。当事人的损失因客观原因无法鉴定的，人民法院应当结合当事人的主张和在案证据，遵循法官职业道德，运用逻辑推理和生活经验、生活常识等，酌情确定赔偿数额。

第一百零七条 【辨认】

第一百零七条 为了查明案情，人民警察可以让违反治安管理行为人、被侵害人和其他证人对与违反治安管理行为有关的场所、物品进行辨认，也可以让被侵害人、其他证人对违反治安管理行为人进行辨认，或者让违反治安管理行为人对其他违反治安管理行为人进行辨认。

辨认应当制作辨认笔录，由人民警察和辨认人签名、盖章或者按指印。

◆思维导图

进行辨认的情形
- 被侵害人、其他证人
  - 对违反治安管理行为人
  - 对与违反治安管理行为有关的场所、物品
- 违反治安管理行为人
  - 对与违反治安管理行为有关的场所、物品
  - 对其他违反治安管理行为人

案例精析

唐某、王某等贩卖、运输毒品、非法持有毒品案

案号：（2019）京刑终 101 号

来源：人民法院案例库 2024-06-1-356-012

裁判要点

毒品下家与上家虽不构成共同犯罪，但由于贩卖毒品和购买毒品行为具有对合性，故毒品下家对毒品上家基本信息的供述属于如实供述本人罪行，不构成立功。辨认同案犯行为是否构成立功，实质性标准是对抓捕同案犯是否确有协助作用，对此应当从严把握。公安机关为固定证据组织的辨认同案犯活动，不能独立作为认定被告人构成立功的条件。

第一百零八条 【两人执法、一人执法及录音录像】

第一百零八条 公安机关进行询问、辨认、勘验，实施行政强制措施等调查取证工作时，人民警察不得少于二人。公安机关在规范设置、严格管理的执法办案场所进行询问、扣押、辨认的，或者进行调解的，可以由一名人民警察进行。

依照前款规定由一名人民警察进行询问、扣押、辨认、调解的，应当全程同步录音录像。未按规定全程同步录音录像或者录音录像资料损毁、丢失的，相关证据不能作为处罚的根据。

思维导图

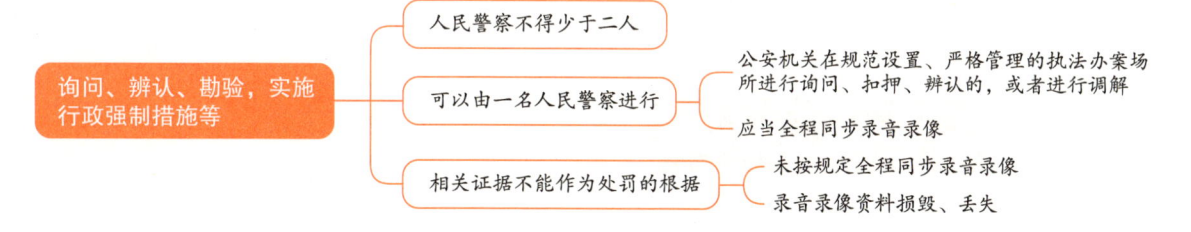

询问、辨认、勘验，实施行政强制措施等
- 人民警察不得少于二人
- 可以由一名人民警察进行
  - 公安机关在规范设置、严格管理的执法办案场所进行询问、扣押、辨认的，或者进行调解
  - 应当全程同步录音录像
- 相关证据不能作为处罚的根据
  - 未按规定全程同步录音录像
  - 录音录像资料损毁、丢失

案例精析

王某贩卖、运输毒品案

案号：（2015）冀刑二终字第16号
来源：人民法院案例库 2024-04-1-356-001

裁判要点

司法实践中，被告人提出排除非法证据申请，但公诉机关未能提供讯问录音录像的，对有关供述是否予以排除，应当根据案件情况赋予法官一定的自由裁量权。从制度设计的初衷看，讯问录音录像制度主要是为了保障供述的自愿性，进而确保供述的真实性，最终达到发现事实真相、准确惩罚犯罪的目的。办案机关违反讯问录音录像规定并不必然影响供述的自愿性，如果其他证据能够证明供述系被告人自愿作出，并不存在刑讯逼供等非法取证行为，就应当认可供述的合法性。

181

第二节 决 定

第一百零九条 【治安管理处罚的决定机关】

旧（修订前）	新（修订后）
第九十一条 治安管理处罚由县级以上人民政府公安机关决定；其中警告、五百元以下的罚款可以由公安派出所决定。	第一百零九条 治安管理处罚由县级以上地方人民政府公安机关决定；其中警告、一千元以下的罚款，可以由公安派出所决定。

◆ 思维导图

```
                          ┌── 县级以上地方人民政府公安机关
治安管理处罚的决定机关 ──┤
                          │                    ┌── 警告
                          └── 公安派出所 ──────┤
                                               └── 一千元以下的罚款
```

◆ 案例精析

1. 代某某诉天津市某区公安局行政处罚案

案号：（2021）津行申 593 号

来源：人民法院案例库 2023-12-3-001-014

裁判要点

（1）公安机关经调查作出不予行政处罚的决定后，经补充调查后又发现新的证据，能够认定违法行为的，应当依法重新作出处理决定，但需先撤销原不予行政处罚的决定。

（2）撤销原不予行政处罚决定属于对外发生法律效力的具体行政行为，应当作出撤销原不予行政处罚决定的书面决定并送

182

达行政相对人，不能仅通过内部审批或其他内部手续撤销原不予行政处罚决定后径行作出新的行政处罚决定，否则属于程序违法。

（3）在重新作出的行政处罚决定认定事实清楚、适用法律正确、程序合法的情形下，未明示撤销原不予行政处罚决定并未实质侵害相对人的合法权益，即该违法情形属于程序轻微违法，判决确认重新作出的行政处罚决定程序违法即可，无须予以撤销。

2. 任某诉某市公安局某分局治安行政处罚案

案号：（2022）赣71行终447号

来源：人民法院案例库 2024-12-3-001-011

裁判要点

治安管理处罚中，殴打、伤害六十周岁以上的人的，符合《中华人民共和国治安管理处罚法》第四十三条第二款第二项规定的法定加重情节。然而，基于个案情况，从违法行为人年龄、身份、态度、违反治安管理的目的、动机，采用的手段，造成的后果，认错的态度，改正的情况等方面审慎考量，同时适用《中华人民共和国治安管理处罚法》第十九条第一项"违反治安管理情节特别轻微的，减轻处罚或者不予处罚"之规定对违法行为人进行量罚，更有利于体现行政处罚过罚相当原则，彰显行政处罚的教育意义。

第一百一十条 【行政拘留的折抵】

旧（修订前）	新（修订后）
第九十二条 对决定给予行政拘留处罚的人，在处罚前已经采取强制措施限制人身自由的时间，应当折抵。限制人身自由一日，折抵行政拘留一日。	第一百一十条 对决定给予行政拘留处罚的人，在处罚前已经采取强制措施限制人身自由的时间，应当折抵。限制人身自由一日，折抵行政拘留一日。

要点注释

　　本条是关于行政拘留的折抵的规定。依据本条规定，首先，只有被采取强制措施限制人身自由的时间才可以折抵行政拘留处罚，而其他措施是不可以折抵的，如询问查证和继续盘问的时间就不可以折抵。其次，被折抵的处罚只能是行政拘留，而不能是警告、罚款等其他处罚措施。最后，折抵计算是限制人身自由一日，折抵行政拘留一日，即"一日对一日"。需要注意的是，本条的限制人身自由的强制措施与行政拘留必须是基于同一违法行为，如果是不同的行为导致的不同的处罚，则不能折抵。这里的"采取强制措施限制人身自由的时间"，包括被行政拘留人在被行政拘留前因同一行为被依法刑事拘留、逮捕时间。如果被行政拘留人被刑事拘留、逮捕的时间已超过被行政拘留的时间的，则行政拘留不再执行，但办案部门必须将《治安管理处罚决定书》送达被处罚人。

拓展适用

《公安机关办理行政案件程序规定》
第 163 条

案例精析

肖某与某市公安局、某市人民政府行政拘留案

案号：（2024）鄂 06 行终 166 号
来源：中国裁判文书网

裁判要点

上诉人的行为属于违反《信访工作条例》的越级非访，某市公安局作出的行政处罚决定表述为"其行为扰乱了管辖街道办的正常信访工作秩序"，而不是上诉人所称的扰乱工作场所秩序，故上诉人称行政处罚决定认定事实错误的上诉理由不能成立。关于公安机关在执行拘留决定中是否存在超期羁押二日的问题，根据《拘留所条例》第三十二条的规定："执行拘留的时间以日为单位计算，从收拘当日到第二日为一日。"上诉人自 2023 年 5 月 7 日至 12 日被拘留，其中 5 月 7 日当日不应计算为拘留一日，其实际拘留天数为五日，没有超过行政处罚决定确定的拘留五日羁押。另，根据《公安机关办理行政案件程序规定》第六十九条第一款的规定，对被传唤的违法嫌疑人，应当及时询问查证，询问查证的时间不得超过八小时；案件复杂，违法行为依法可能适用行政拘留处罚的，询问查证的时间不得超过二十四小时。2023 年 5 月 6 日，上诉人被书面传唤到公安机关进行询问，因其行为可能适用行政拘留处罚，公安机关对其询问至 5 月 7 日，传唤时间未超过二十四小时。传唤询问不属于采取强制措施限制被传唤人人身自由，不应当按照《中华人民共和国治安管理处罚法》第九十二条的规定，折抵行政拘留一日。故，上诉人称被上诉人某市公安局超期羁押的上诉理由不能成立。

第一百一十一条 【本人陈述的证据地位】

旧（修订前）	新（修订后）
第九十三条　公安机关查处治安案件，对没有本人陈述，但其他证据能够证明案件事实的，可以作出治安管理处罚决定。但是，只有本人陈述，没有其他证据证明的，不能作出治安管理处罚决定。	第一百一十一条　公安机关查处治安案件，对没有本人陈述，但其他证据能够证明案件事实的，可以作出治安管理处罚决定。但是，只有本人陈述，没有其他证据证明的，不能作出治安管理处罚决定。

思维导图

本人陈述的证据地位
- 可以作出治安管理处罚决定
  - 没有本人陈述
  - 但其他证据能够证明案件事实
- 不能作出治安管理处罚决定
  - 只有本人陈述
  - 没有其他证据证明

案例精析

李某甲与某县公安局、某县人民政府行政处罚案

案号：（2024）鄂03行终52号

来源：中国裁判文书网

裁判要点

根据《中华人民共和国治安管理处罚法》第九十三条的规定："公安机关查处治安案件，对没有本人陈述，但其他证据能够证明案件事实的，可以作出治安管理处罚决定。但是只有本人陈述，没有其他证据证明的，不能作出治安管理处罚决定。"本案中，仅凭李某甲在"某乙店收费系统上面显示的消费记录，不能认定李某甲存在嫖娼违法事实，且未能查证具体的卖淫者。在此情形下，某县公安局对李某甲进行长达二十余小时的询问，本身就存在明显不当，而且仅依据李某甲本人陈述，就作出案涉行政处罚决定，严重违反了上述规定。

第一百一十二条 【告知义务、陈述与申辩权】

旧（修订前）	新（修订后）
第九十四条 公安机关作出治安管理处罚决定前，应当告知违反治安管理行为人作出治安管理处罚的事实、理由及依据，并告知违反治安管理行为人依法享有的权利。 违反治安管理行为人有权陈述和申辩。公安机关必须充分听取违反治安管理行为人的意见，对违反治安管理行为人提出的事实、理由和证据，应当进行复核；违反治安管理行为人提出的事实、理由或者证据成立的，公安机关应当采纳。 公安机关不得因违反治安管理行为人的陈述、申辩而加重处罚。	**第一百一十二条** 公安机关作出治安管理处罚决定前，应当告知违反治安管理行为人拟作出治安管理处罚的内容及事实、理由、依据，并告知违反治安管理行为人依法享有的权利。 违反治安管理行为人有权陈述和申辩。公安机关必须充分听取违反治安管理行为人的意见，对违反治安管理行为人提出的事实、理由和证据，应当进行复核；违反治安管理行为人提出的事实、理由或者证据成立的，公安机关应当采纳。 违反治安管理行为人不满十八周岁的，还应当依照前两款的规定告知未成年人的父母或者其他监护人，充分听取其意见。 公安机关不得因违反治安管理行为人的陈述、申辩而加重其处罚。

思维导图

告知义务、陈述与申辩权
- 公安机关作出治安管理处罚决定前，应当告知违反治安管理行为人
  - 违反治安管理行为人不满十八周岁的，还应当告知其父母或者其他监护人
- 公安机关必须充分听取、复核，应当采纳成立的事实、理由或者证据
- 公安机关不得因违反治安管理行为人的陈述、申辩而加重处罚

第一百一十三条 【治安案件调查结束后的处理】

旧（修订前）	新（修订后）
第九十五条 治安案件调查结束后，公安机关应当根据不同情况，分别作出以下处理： （一）确有依法应当给予治安管理处罚的违法行为的，根据情节轻重及具体情况，作出处罚决定； （二）依法不予处罚的，或者违法事实不能成立的，作出不予处罚决定； （三）违法行为已涉嫌犯罪的，移送主管机关依法追究刑事责任； （四）发现违反治安管理行为人有其他违法行为的，在对违反治安管理行为作出处罚决定的同时，通知有关行政主管部门处理。	第一百一十三条 治安案件调查结束后，公安机关应当根据不同情况，分别作出以下处理： （一）确有依法应当给予治安管理处罚的违法行为的，根据情节轻重及具体情况，作出处罚决定； （二）依法不予处罚的，或者违法事实不能成立的，作出不予处罚决定； （三）违法行为已涉嫌犯罪的，移送有关主管机关依法追究刑事责任； （四）发现违反治安管理行为人有其他违法行为的，在对违反治安管理行为作出处罚决定的同时，通知或者移送有关主管机关处理。 对情节复杂或者重大违法行为给予治安管理处罚，公安机关负责人应当集体讨论决定。

思维导图

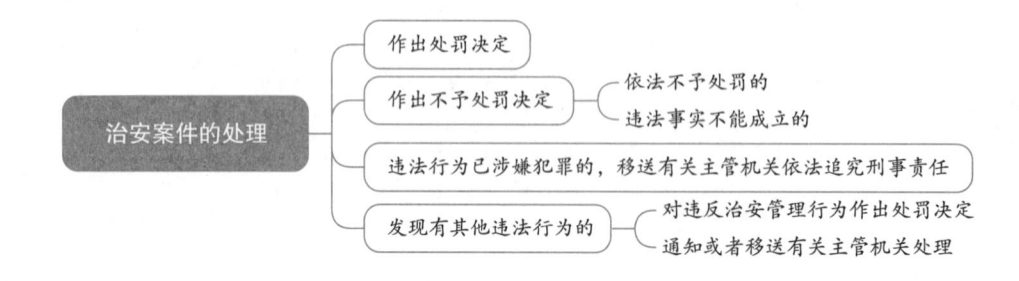

```
                            ┌── 作出处罚决定
                            │
                            ├── 作出不予处罚决定 ──┬── 依法不予处罚的
                            │                      └── 违法事实不能成立的
治安案件的处理 ─────────────┤
                            ├── 违法行为已涉嫌犯罪的，移送有关主管机关依法追究刑事责任
                            │
                            └── 发现有其他违法行为的 ──┬── 对违反治安管理行为作出处罚决定
                                                        └── 通知或者移送有关主管机关处理
```

拓展适用

《公安机关办理行政案件程序规定》第 172 条

案例精析

尹某与某市某区公安局行政处罚

案号：（2023）渝 03 行终 56 号
来源：中国裁判文书网

裁判要点

关于适用法律是否正确。某市某区公安局在不予行政处罚决定中适用的法律为《中华人民共和国治安管理处罚法》第九十五条第二项，该法律条文规定的内容为"治安案件调查结束后，公安机关应当根据不同情况，分别作出以下处理……（二）依法不予处罚的，或者违法事实不能成立的，作出不予处罚决定"。根据前述规定，公安机关根据调查结果，依法不予处罚的或者违法事实不能成立，应当作出不予处罚的决定。这里的"不予处罚"适用包括两种情况：一是违法事实不能成立，即没有违法事实或者证据不足以证明有违法事实；二是依法不予处罚。对于依法不予处罚的情形，结合《中华人民共和国治安管理处罚法》的相关规定，该情形主要包括：（1）根据《中华人民共和国治安管理处罚法》第十二条"已满十四周岁不满十八周岁的人违反治安管理的，从轻或者减轻处罚；不满十四周岁的人违反治安管理的，不予处罚，但是应当责令其监护人严加管教"和第十三条"精神病人在不能辨认或者不能控制自己行为的时候违反治安管理的，不予处罚，但是应当责令其监护人严加看管和治疗……"的规定，行政相对人不具有法定责任能力，因而不予处罚；（2）根据《中华人民共和国治安管理处罚法》第十四条"盲人或者又聋又哑的人违反治安管理的，可以从轻、减轻或者不予处罚"和第十九条"违反治安管理有下列情形之一的，减轻处罚或者不予处罚：（一）情节特别轻微的；（二）主动消除或者减轻违法后果，并取得被侵害人谅解的；（三）出于他人胁迫或者诱骗的；（四）主动投案，向公安机关如实陈述自己的违法行为的；（五）有立功表现的"的规定，依法可以不予处罚，最后由公安机关决定不予处罚；（3）根据《中华人民共和国治安管理处罚法》第二十二条第一款"违反治安管理行为在六个月内没有被公安机关发现的，不再处罚"的规定，如果公安机关经过调查后发现，违法行为超过追究时效的，应免除治安管理处罚，应当作出不予处罚的决定。根据某市某区公安局在不予行政处罚决定书中认定的事实，尹某的情形显然不属于"依法不予处罚"的三种情形，而属于证据不足以证明有违法事实，即违法事实不成立。故，某市某区公安局适用法律正确。

第一百一十四条 【法制审核】

第一百一十四条 有下列情形之一的,在公安机关作出治安管理处罚决定之前,应当由从事治安管理处罚决定法制审核的人员进行法制审核;未经法制审核或者审核未通过的,不得作出决定:

(一)涉及重大公共利益的;

(二)直接关系当事人或者第三人重大权益,经过听证程序的;

(三)案件情况疑难复杂、涉及多个法律关系的。

公安机关中初次从事治安管理处罚决定法制审核的人员,应当通过国家统一法律职业资格考试取得法律职业资格。

思维导图

```
                    ┌─ 适用情形 ─┬─ 涉及重大公共利益的
                    │            ├─ 直接关系当事人或者第三人重大权益,经过听证程序的
        法制审核 ───┤            └─ 案件情况疑难复杂、涉及多个法律关系的
                    │
                    └─ 主体 ─────┬─ 从事治安管理处罚决定法制审核的人员
                                 └─ 初次从事治安管理处罚决定法制审核的人员应当取得法律职业资格
```

第一百一十五条 【处罚决定书的内容】

旧（修订前）	新（修订后）
第九十六条 公安机关作出治安管理处罚决定的，应当制作治安管理处罚决定书。决定书应当载明下列内容： （一）被处罚人的姓名、性别、年龄、身份证件的名称和号码、住址； （二）违法事实和证据； （三）处罚的种类和依据； （四）处罚的执行方式和期限； （五）对处罚决定不服，申请行政复议、提起行政诉讼的途径和期限； （六）作出处罚决定的公安机关的名称和作出决定的日期。 决定书应当由作出处罚决定的公安机关加盖印章。	**第一百一十五条** 公安机关作出治安管理处罚决定的，应当制作治安管理处罚决定书。决定书应当载明下列内容： （一）被处罚人的姓名、性别、年龄、身份证件的名称和号码、住址； （二）违法事实和证据； （三）处罚的种类和依据； （四）处罚的执行方式和期限； （五）对处罚决定不服，申请行政复议、提起行政诉讼的途径和期限； （六）作出处罚决定的公安机关的名称和作出决定的日期。 决定书应当由作出处罚决定的公安机关加盖印章。

要点注释

无论是当场处罚还是依照一般程序作出处罚，都应当制作行政处罚决定书，并应当交付当事人。本条明确规定了行政处罚决定书应当列明的内容。注意，处罚决定书必须加盖公安机关印章，而不能只有执法人员的签名或盖章。但在本法第一百一十九条规定的当场处罚的情况下，可由人民警察签名或盖章。

第一百一十六条 【处罚决定书的宣告、通知和送达】

旧（修订前）	新（修订后）
第九十七条 公安机关应当向被处罚人宣告治安管理处罚决定书，并当场交付被处罚人；无法当场向被处罚人宣告的，应当在二日内送达被处罚人。决定给予行政拘留处罚的，应当及时通知被处罚人的家属。 有被侵害人的，公安机关应当将决定书副本抄送被侵害人。	**第一百一十六条** 公安机关应当向被处罚人宣告治安管理处罚决定书，并当场交付被处罚人；无法当场向被处罚人宣告的，应当在二日以内送达被处罚人。决定给予行政拘留处罚的，应当及时通知被处罚人的家属。 有被侵害人的，公安机关应当将决定书送达被侵害人。

◆ 思维导图

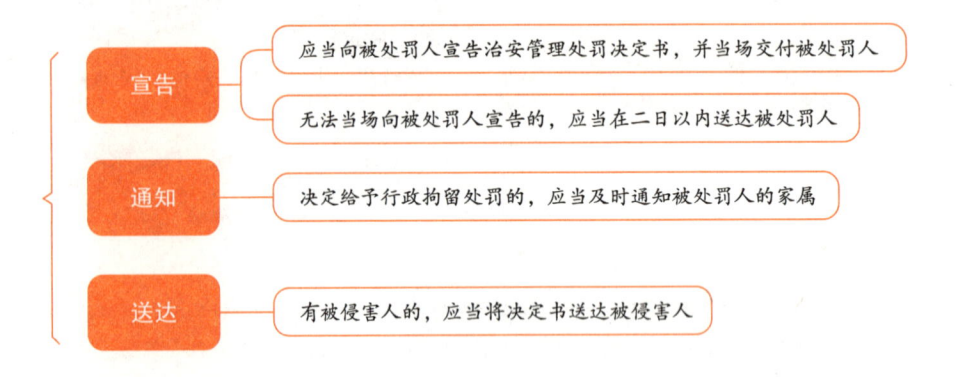

- **宣告**
  - 应当向被处罚人宣告治安管理处罚决定书，并当场交付被处罚人
  - 无法当场向被处罚人宣告的，应当在二日以内送达被处罚人
- **通知**
  - 决定给予行政拘留处罚的，应当及时通知被处罚人的家属
- **送达**
  - 有被侵害人的，应当将决定书送达被侵害人

要点注释

交付和送达是治安管理处罚决定发生效力的前提，未交付和未送达的治安管理处罚决定书，对被处罚人不具有法律效力。如果当事人对处罚没有异议的，应当按照处罚决定书的要求及时履行；如果对处罚决定不服，应当按照处罚决定书载明的途径和期限，及时申请行政复议或者提起行政诉讼。对于处罚决定书，应当场交付，但无法当场交付时，应当在两日内送达。"当场"是宣布处罚决定的现场，而不仅仅是当场处罚的现场。送达有多种形式，如直接送达、邮寄送达、留置送达、委托送达等。

拓展适用

《公安机关办理行政案件程序规定》
第 36 条、第 176 条

案例精析

许某某与某市公安局某分局等治安行政复议案

案号：（2020）鲁 01 行终 1034 号
来源：中国裁判文书网

裁判要点

2019 年 10 月 6 日 15 时 55 分许，许某某酒后在某饭店二楼大厅，趁张某某趴在 15 号桌子上看手机时亲了张某某左脸一下，16 时 13 分许，在二楼走廊趁孔某某开酒之际摸了孔某某左侧屁股一下。同日，被告某市公安局某分局对案件予以立案受理，立案后被告某市公安局某分局对当事人进行了询问。被告某市公安局某分局所适用的行政执法程序符合《中华人民共和国治安管理处罚法》第七十七条、第八十二条、第八十四条之规定。被告某市公安局某分局于 2019 年 10 月 6 日作出的《行政处罚告知笔录》，告知了原告拟作出处罚的事实理由、依据和进行陈述、申辩的权利，符合《中华人民共和国行政处罚法》第三十一条之规定。被告某市公安局某分局于同日作出《行政处罚决定书》，并于当日向原告送达，符合《中华人民共和国治安管理处罚法》第九十五条、第九十七条之规定。

第一百一十七条 【听证】

旧（修订前）	新（修订后）
第九十八条 公安机关作出吊销许可证以及处二千元以上罚款的治安管理处罚决定前，应当告知违反治安管理行为人有权要求举行听证；违反治安管理行为人要求听证的，公安机关应当及时依法举行听证。	第一百一十七条 公安机关作出吊销许可证件、处四千元以上罚款的治安管理处罚决定或者采取责令停业整顿措施前，应当告知违反治安管理行为人有权要求举行听证；违反治安管理行为人要求听证的，公安机关应当及时依法举行听证。 对依照本法第二十三条第二款规定可能执行行政拘留的未成年人，公安机关应当告知未成年人和其监护人有权要求举行听证；未成年人和其监护人要求听证的，公安机关应当及时依法举行听证。对未成年人案件的听证不公开举行。 前两款规定以外的案情复杂或者具有重大社会影响的案件，违反治安管理行为人要求听证，公安机关认为必要的，应当及时依法举行听证。 公安机关不得因违反治安管理行为人要求听证而加重其处罚。

思维导图

应当告知违反治安管理行为人或者未成年人的监护人有权要求举行听证
- 作出吊销许可证件的治安管理处罚决定前
- 处四千元以上罚款的治安管理处罚决定前
- 采取责令停业整顿措施前
- 可能执行行政拘留的未成年人
- 案情复杂或者具有重大社会影响的案件，违反治安管理行为人要求听证，公安机关认为必要的，应当及时依法举行听证

> **拓展适用**
>
> **《公安机关办理行政案件程序规定》**
> 第 123 条至第 153 条

案例精析

1. 黄某、何某、何某1诉某工商行政管理局行政处罚案

案号：（2006）成行终字第 228 号
来源：最高人民法院指导案例 6 号

裁判要点

行政机关作出没收较大数额涉案财产的行政处罚决定时，未告知当事人有要求举行听证的权利或者未依法举行听证的，人民法院应当依法认定该行政处罚违反法定程序。

2. 某公司诉某市某区行政审批局行政许可案

案号：（2021）浙 04 行终 226 号
来源：人民法院案例库 2023-12-3-004-006

裁判要点

行政机关在行政许可审查程序中，利害关系人提出异议的，应当通过听证等程序听取行政许可申请人及利害关系人的意见，未经听证程序直接作出不予许可决定，程序违法。

对于涉及企业经营资格的重大行政许可，行政机关应当审慎审查。一般情况下，行政机关审查申请人提交的材料是否符合法律法规规定即可作出决定，但在申请人提交材料和利害关系人异议存在冲突，对是否作出许可的关键条件存在争议，特别是涉及社会公共安全等情况下，行政机关不应仅审查书面材料即作出决定，应当对相关关键事实、利害关系人提出的异议是否能够成立等内容主动调查核实，在查明事实的基础上准确作出决定。

第一百一十八条 【办案期限】

旧（修订前）	新（修订后）
第九十九条　公安机关办理治安案件的期限，自受理之日起不得超过三十日；案情重大、复杂的，经上一级公安机关批准，可以延长三十日。 　　为了查明案情进行鉴定的期间，不计入办理治安案件的期限。	第一百一十八条　公安机关办理治安案件的期限，自立案之日起不得超过三十日；案情重大、复杂的，经上一级公安机关批准，可以延长三十日。期限延长以二次为限。公安派出所办理的案件需要延长期限的，由所属公安机关批准。 　　为了查明案情进行鉴定的期间、听证的期间，不计入办理治安案件的期限。

◆ 思维导图

办理治安案件的期限
- 自立案之日起不得超过三十日
- 案情重大、复杂的，经上一级公安机关批准，可以延长三十日
- 鉴定、听证的期间，不计入办理治安案件的期限

要点注释

　　为了体现行政执法效率原则，依法及时有效地办理治安案件，有效地维护社会秩序，本条对于公安机关办理治安案件的时间予以了规定。一般情况下的治安案件的办案期限为三十日，从受理之日起计算。案情重大、复杂的，经上一级公安机关批准，可以延长三十日。案情重大、复杂，主要是指该治安案件涉及面广、影响大。鉴定的期间、听证的期间，不计入办理治安案件的期限。

拓展适用

《公安机关办理行政案件程序规定》

第 165 条;

案例精析

重庆市公安局某分局与郭某不履行治安处罚法定职责案

案号：（2017）渝 05 行终 528 号

来源：中国裁判文书网

裁判要点

2016 年 5 月 3 日 18 时 30 分左右，李某、洪某等多人在重庆某商贸公司，与郭某及该公司人员因承揽快递业务发生争执后发生侮骂、殴打行为，且双方均有多人参加，导致多人受伤。后，重庆市公安局某分局民警到场制止纠纷后将部分参与斗殴人员带至派出所进行询问。经调查取证后，重庆市公安局某分局于 5 月 4 日对部分涉案人员分别进行行政处罚，对李某和洪某各拘留五日，对郭某拘留三日，对郭才某和李登某各拘留两日。现，郭某认为，重庆市公安局某分局未对李某、洪某方参加斗殴的其他违法行为人予以行政惩处，请求法院责令重庆市公安局某分局追究未受行政处罚的其他违法行为人的法律责任。

本案中，重庆市公安局某分局于 2016 年 5 月 3 日立案，经过大量的调查询问取证工作，对部分违法行为人进行了处罚。但至 2016 年 11 月郭某向人民法院提起本案行政诉讼时，仍未对重庆市公安局某分局通过询问笔录等证据，能够确认身份的部分违法人员作出处理，违反了前述法律规定。一审法院以此为由，判决上诉人重庆市公安局某分局在本判决生效之日起 30 日内依法对本案参与的其他人员作出处理，并无不当。上诉人上诉理由不能成立，对其上诉请求法院依法不予支持。

第一百一十九条 【当场处罚】

旧（修订前）	新（修订后）
第一百条 违反治安管理行为事实清楚，证据确凿，处警告或者二百元以下罚款的，可以当场作出治安管理处罚决定。	第一百一十九条 违反治安管理行为事实清楚，证据确凿，处警告或者五百元以下罚款的，可以当场作出治安管理处罚决定。

🔺 思维导图

```
                    ┌── 违反治安管理行为事实清楚，证据确凿
当场处罚的适用条件 ──┤
                    └── 处警告或者五百元以下罚款
```

要点注释

根据《公安机关办理行政案件程序规定》第三十八条的规定，当场处罚，应当按照下列程序实施：（1）向违法行为人表明执法身份；（2）收集证据；（3）口头告知违法行为人拟作出行政处罚决定的事实、理由和依据，并告知违法行为人依法享有的陈述权和申辩权；（4）充分听取违法行为人的陈述和申辩。违法行为人提出的事实、理由或者证据成立的，应当采纳；（5）填写当场处罚决定书并当场交付被处罚人；（6）当场收缴罚款的，同时填写罚款收据，交付被处罚人；未当场收缴罚款的，应当告知被处罚人在规定期限内到指定的银行缴纳罚款。

拓展适用

《公安机关办理行政案件程序规定》
第 37 条、第 38 条、第 214 条

案例精析

1. 张某诉上海某交警支队行政处罚案

案号：（2020）沪 02 行终 325 号
来源：人民法院案例库 2024-12-3-001-006

裁判要点

在涉及交通安全的行政处罚案件中，行政机关认定行政相对

人具有违法行为，应提供充分证据证明违法行为的存在，不能仅以行政相对人发生单车事故负有全部责任，即推断其必然存在妨碍安全驾驶的行为。

2. 四川某某有限责任公司诉四川省三台县市场监督管理局、三台县人民政府行政处罚及行政复议案

案号：（2022）川 07 行终 96 号
来源：人民法院案例库 2024-12-3-001-016

裁判要点

经营者放任其工作人员假借精准帮扶惠民政策的名义对其商品作虚假或者引人误解的商业宣传，欺骗、误导消费者的，县级以上人民政府履行工商行政管理职责的部门可以认定经营者对其商品作虚假商业宣传，并依据《中华人民共和国反不正当竞争法》第二十条作出罚款行政处罚决定。

第一百二十条 【当场处罚的程序】

旧（修订前）	新（修订后）
第一百零一条 当场作出治安管理处罚决定的，人民警察应当向违反治安管理行为人出示工作证件，并填写处罚决定书。处罚决定书应当当场交付被处罚人；有被侵害人的，并将决定书副本抄送被侵害人。 前款规定的处罚决定书，应当载明被处罚人的姓名、违法行为、处罚依据、罚款数额、时间、地点以及公安机关名称，并由经办的人民警察签名或者盖章。 当场作出治安管理处罚决定的，经办的人民警察应当在二十四小时内报所属公安机关备案。	**第一百二十条** 当场作出治安管理处罚决定的，人民警察应当向违反治安管理行为人出示人民警察证，并填写处罚决定书。处罚决定书应当当场交付被处罚人；有被侵害人的，并应当将决定书送达被侵害人。 前款规定的处罚决定书，应当载明被处罚人的姓名、违法行为、处罚依据、罚款数额、时间、地点以及公安机关名称，并由经办的人民警察签名或者盖章。 适用当场处罚，被处罚人对拟作出治安管理处罚的内容及事实、理由、依据没有异议的，可以由一名人民警察作出治安管理处罚决定，并应当全程同步录音录像。 当场作出治安管理处罚决定的，经办的人民警察应当在二十四小时以内报所属公安机关备案。

要点注释

当场处罚作为处罚程序中的一种简易程序，具有简便、迅速的特点，作为一种处罚程序，当场处罚具有相应的程序要求，实施当场处罚，必须严格遵守当场处罚程序的规定。因此，依据本条规定，人民警察在作出当场处罚决定时应当出示人民警察证，并填写处罚决定书。

思维导图

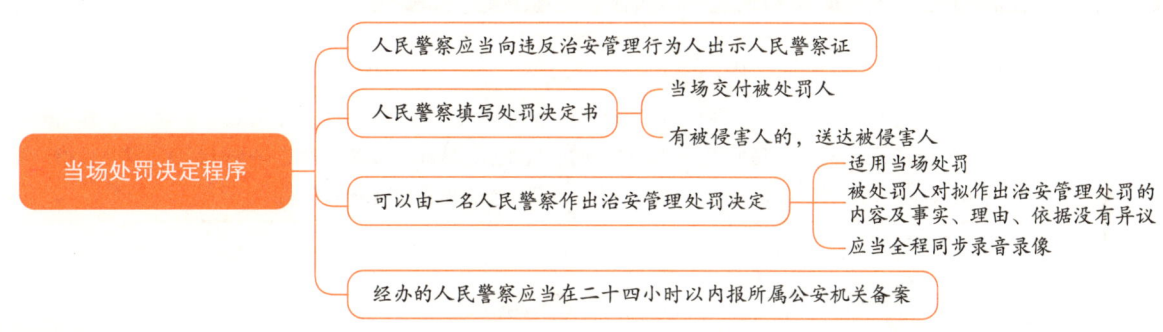

- **当场处罚决定程序**
  - 人民警察应当向违反治安管理行为人出示人民警察证
  - 人民警察填写处罚决定书
    - 当场交付被处罚人
    - 有被侵害人的,送达被侵害人
  - 可以由一名人民警察作出治安管理处罚决定
    - 适用当场处罚
    - 被处罚人对拟作出治安管理处罚的内容及事实、理由、依据没有异议
    - 应当全程同步录音录像
  - 经办的人民警察应当在二十四小时以内报所属公安机关备案

拓展适用

《公安机关办理行政案件程序规定》第 38 条

案例精析

1. 胡某诉某市场监督管理局行政奖励案

案号:(2021)京 0115 行初 411 号
来源:人民法院案例库 2024-12-3-011-001

裁判要点

举报人对要求市场监督管理部门对被举报人的违法行为进行查处并申请举报奖励,在市场监督管理部门已经对被举报人进行行政处罚的情况下,应当直接向举报人告知是否给予其奖励的决定。市场监督管理部门仅告知举报人就举报事项另行向其办公室咨询,其作出的答复应予撤销。

2. 翁某诉某市公安局交通警察支队某大队行政处罚案

案号:(2021)浙行再 33 号
来源:人民法院案例库 2023-12-3-001-019

裁判要点

礼让行人是文明安全驾驶的基本要求。机动车驾驶人驾驶车辆行经人行横道,其有证据足以证明已经审慎地尽到合理必要的礼让行人注意义务,应认定没有主观过错,不予行政处罚。

第一百二十一条 【行政复议和行政诉讼】

旧（修订前）	新（修订后）
第一百零二条 被处罚人对治安管理处罚决定不服的，可以依法申请行政复议或者提起行政诉讼。	第一百二十一条 被处罚人、被侵害人对公安机关依照本法规定作出的治安管理处罚决定，作出的收缴、追缴决定，或者采取的有关限制性、禁止性措施等不服的，可以依法申请行政复议或者提起行政诉讼。

思维导图

被处罚人对治安管理处罚决定不服 —— 依法申请行政复议
　　　　　　　　　　　　　　 —— 依法提起行政诉讼

拓展适用

《公安机关办理行政案件程序规定》
第 199 条

案例精析

1. 焦某诉某公安分局治安管理处罚决定行政纠纷案

来源：《最高人民法院公报》2006 年第 10 期

裁判要点

原告诉称，因原告错误举报查扣车辆的执勤交通民警酒后执法，被告某公安分局已经给予原告治安罚款 200 元的行政处罚。该行政处罚决定生效后，被告又要求重新查处，重新裁决。被告的重新裁决是给予原告治安拘留十日的行政处罚，原告不服申请复议，天津市公安局也以事实不清为由撤销了该处罚决定，要求被告重裁。然而被告在相同的事实基础上，以 870 号处罚决定书再次裁决，竟然把对原告治安拘留十日改成了治安拘留十五日。被告完全不顾行政处罚法中关于"行政机关不得因当事人陈述、申辩而给予更重的处罚"的规定，对不服外罚决定而申辩的原告加重处罚，是滥用职权违法行政。请求判决撤销被告作出的 870

号处罚决定书。

1. 依法作出的行政处罚决定一旦生效，其法律效力不仅及于行政相对人，也及于行政机关，不能随意被撤销。已经生效的行政处罚决定如果随意被撤销，则不利于社会秩序的恢复和稳定。

2. 错误的治安管理行政处罚决定只能依照法定程序纠正。《公安机关内部执法监督工作规定》是公安部为保障公安机关及其人民警察依法正确履行职责，防止和纠正违法和不当的执法行为，保护公民、法人和其他组织的合法权益而制定的内部规章，不能成为作出治安管理行政处罚决定的法律依据。

3. 在行政处罚程序中始终贯彻允许当事人陈述和申辩的原则，只能有利于事实的查明和法律的正确适用，不会混淆是非，更不会因此而使违法行为人逃脱应有的惩罚。

2. 赵甲诉某公安分局某派出所、某公安分局行政处罚及行政复议案

案号：（2022）京 0107 行初 75 号
来源：人民法院案例库 2024-12-3-016-013

裁判要点

一方当事人在人民法院审判活动中殴打另一方当事人的，属于妨碍诉讼的违法行为，应当由审理诉讼案件的人民法院依据相关诉讼法律规定，按照情节轻重，对于殴打诉讼参与人的违法行为，追究相关法律责任。人民法院作出处罚决定后，被害人就同一事实要求公安机关对加害人予以行政处罚的，不予支持。

第三节 执 行

第一百二十二条 【行政拘留处罚的执行】

旧（修订前）	新（修订后）
第一百零三条 对被决定给予行政拘留处罚的人，由作出决定的公安机关送达拘留所执行。	**第一百二十二条** 对被决定给予行政拘留处罚的人，由作出决定的公安机关送拘留所执行；执行期满，拘留所应当按时解除拘留，发给解除拘留证明书。 被决定给予行政拘留处罚的人在异地被抓获或者有其他有必要在异地拘留所执行情形的，经异地拘留所主管公安机关批准，可以在异地执行。

◆ **思维导图**

```
                    ┌── 由作出决定的公安机关送拘留所执行
行政拘留处罚的执行 ──┤
                    └── 可以在异地执行 ──┬── 在异地被抓获或者有其他有必要在异地拘留所执行情形
                                        └── 经异地拘留所主管公安机关批准
```

要点注释

　　本条包含三层含义：第一，送达拘留所执行的对象只能是被决定给予行政拘留的人，因为行政处罚中只有行政拘留需要限制被处罚人的人身自由，因而要通过单独的羁押场所来完成。第二，执行拘留只能由作出决定的公安机关送达拘留所，在执行送达被处罚人时，执行送达任务的人民警察要注意带好相应的法律文书材料，如《治安管理处罚执行拘留通知书》《治安管理处罚决定书》等。第三，执行行政拘留只能由拘留所执行。

> **拓展适用**
>
> 《公安机关办理行政案件程序规定》
> 第 164 条

案例精析

1. 窦某某与某某分局行政判决案

案号：（2024）陕 71 行终 1374 号
来源：中国裁判文书网

裁判要点

原告与第三人之间的治安案件已经由被告对第三人作出行政处罚决定，原告提起本案诉讼，是认为被告未对第三人执行行政拘留，属于不履行法定职责的情形。法院认为，根据 2012 年《中华人民共和国治安管理处罚法》第一百零三条的规定，对被决定给予行政拘留处罚的人，由作出决定的公安机关送达拘留所执行。本案中，被告公安某某分局对第三人作出涉案处罚决定，公安某某分局具有将第三人送交拘留所执行拘留决定的法定职责。《拘留所条例》第十九条第二项规定，拘留所发现被拘留人病情严重可能危及生命安全的，应当建议拘留决定机关作出停止执行拘留的决定。本案中，某市拘留所于 2023 年 10 月 18 日向被告某某分局出具《建议停止执行拘留通知书》，被告某某分局据此不再继续执行对第三人的拘留决定，符合法律规定，故被告某某分局并不存在怠于履行法定职责的情形，原告要求被告继续执行对第三人的拘留决定无事实基础和法律依据，法院不予支持。

2. 任某申请某市公安局某分局违法刑事拘留国家赔偿案

案号：（2022）最高法委赔监 54 号
来源：人民法院案例库 2024-15-4-111-001

裁判要点

侦查机关对犯罪嫌疑人采取刑事拘留措施后，在法定期限内未依法履行通知被拘留人亲属的义务，且不具有无法通知或有碍侦查等刑事诉讼法规定之例外情形，属于违反刑事拘留程序的行为。该犯罪嫌疑人被终止追究刑事责任的，其有申请国家赔偿的权利。

第一百二十三条 【罚款处罚的执行】

旧（修订前）	新（修订后）
第一百零四条 受到罚款处罚的人应当自收到处罚决定书之日起十五日内，到指定的银行缴纳罚款。但是，有下列情形之一的，人民警察可以当场收缴罚款： （一）被处五十元以下罚款，被处罚人对罚款无异议的； （二）在边远、水上、交通不便地区，公安机关及其人民警察依照本法的规定作出罚款决定后，被处罚人向指定的银行缴纳罚款确有困难，经被处罚人提出的； （三）被处罚人在当地没有固定住所，不当场收缴事后难以执行的。	**第一百二十三条** 受到罚款处罚的人应当自收到处罚决定书之日起十五日以内，到指定的银行或者通过电子支付系统缴纳罚款。但是，有下列情形之一的，人民警察可以当场收缴罚款： （一）被处二百元以下罚款，被处罚人对罚款无异议的； （二）在边远、水上、交通不便地区，旅客列车上或者口岸，公安机关及其人民警察依照本法的规定作出罚款决定后，被处罚人到指定的银行或者通过电子支付系统缴纳罚款确有困难，经被处罚人提出的； （三）被处罚人在当地没有固定住所，不当场收缴事后难以执行的。

思维导图

收缴罚款的方式
- 自收到处罚决定书之日起十五日内，到指定的银行或者通过电子支付系统缴纳罚款
- 当场收缴罚款
  - 被处二百元以下罚款，被处罚人对罚款无异议
  - 在边远、水上、交通不便地区，旅客列车上或者口岸，被处罚人到指定的银行或者通过电子支付系统缴纳罚款确有困难，经被处罚人提出
  - 被处罚人在当地没有固定住所，不当场收缴事后难以执行的

要点注释

本条规定了罚款决定和执行相分离制度。具体来讲，公安机关及其人民警察查处违法行为，作出处罚决定后，应当将处罚决定书及时送达当事人。当事人，即被处罚人，应当自收到处罚决定书之日起十五日内，到指定的银行或者通过电子支付系统缴纳罚款。本条还规定了人民警察在特定的情形下可以当场收缴罚款，主要包括三种情形：（1）被处二百元以下罚款，被处罚人对罚款无异议的；（2）在边远、水上、交通不便地区，旅客列车上或者口岸，公安机关及其人民警察依照本法的规定作出罚款决定后，被处罚人到指定的银行或者通过电子支付系统缴纳罚款确有困难，经被处罚人提出的；（3）被处罚人在当地没有固定住所，不当场收缴事后难以执行的。

拓展适用

《公安机关办理行政案件程序规定》
第214条

案例精析

宋某与某派出所治安行政处罚案

案号：（2018）津行再字1号
来源：中国裁判文书网

裁判要点

某派出所对宋某的罚款处罚不符合当场收缴罚款的条件，《中华人民共和国行政处罚法》第四十六条、《中华人民共和国治安管理处罚法》第一百一十五条规定，罚缴分离是行政处罚法的一项基本原则，即作出罚款的机关与收缴罚款的机构应当分离，一般不允许自罚自收的现象存在。但行政执法中面临的情况千差万别，行政执法不仅需要考虑公正和廉洁，还需要考虑便民和处罚的有效执行等因素，所以行政处罚法和治安管理处罚法也规定了罚缴分离原则的例外情况，即某些情况下行政执法机关可以当场收缴罚款。本案中，某派出所对宋某处以五百元罚款，数额高于五十元；宋某有固定住所和固定职业，不存在不当场收缴事后难以执行的可能；处罚决定作出地也并非交通不便、向银行缴纳罚款确有困难的地区，依照《中华人民共和国治安管理处罚法》第一百零四条的规定，某派出所不得当场收缴罚款。

某派出所当场收缴罚款后未开具省级财政部门统一制发的收据，也违反了《中华人民共和国治安管理处罚法》第一百零六条的规定。

第一百二十四条 【上交当场收缴的罚款】

旧（修订前）	新（修订后）
第一百零五条　人民警察当场收缴的罚款，应当自收缴罚款之日起二日内，交至所属的公安机关；在水上、旅客列车上当场收缴的罚款，应当自抵岸或者到站之日起二日内，交至所属的公安机关；公安机关应当自收到罚款之日起二日内将罚款缴付指定的银行。	第一百二十四条　人民警察当场收缴的罚款，应当自收缴罚款之日起二日以内，交至所属的公安机关；在水上、旅客列车上当场收缴的罚款，应当自抵岸或者到站之日起二日以内，交至所属的公安机关；公安机关应当自收到罚款之日起二日以内将罚款缴付指定的银行。

思维导图

- **上交当场收缴的罚款**
  - 人民警察当场收缴的罚款，应当自收缴罚款之日起二日以内，交至所属的公安机关
  - 在水上、旅客列车上当场收缴的罚款，应当自抵岸或者到站之日起二日以内，交至所属的公安机关
  - 公安机关应当自收到罚款之日起二日以内将罚款缴付指定的银行

要点注释

　　本条规定有三层含义：第一，人民警察当场收缴的罚款，应当自收缴罚款之日起二日内，交至所属的公安机关。第二，在水上、旅客列车上当场收缴的罚款，应当自抵岸或者到站之日起二日内，交至所属的公安机关。第三，公安机关应当自收到罚款之日起二日内将罚款缴付指定的银行。

> **拓展适用**
>
> 《公安机关办理行政案件程序规定》
> 第 216 条

案例精析

1. 某市综合行政执法局申请执行行政处罚加处罚款案

案号：（2021）川 11 行审复 3 号

来源：人民法院案例库 2024-12-3-001-020

裁判要点

（1）因行政相对人不按行政处罚决定履行金钱给付义务而加处罚款的决定，属于行政强制执行措施之一，既可以在行政处罚决定不履行后另行单独作出，也可以在行政处罚决定中附带作出。

（2）无行政强制执行权的行政机关作出的行政处罚及加处罚款决定，行政机关因行政相对人未履行申请法院强制执行的，加处罚款的履行期限应从诉讼终结后行政处罚决定的履行期限届满时重新起算。

2. 某公司诉某市应急管理局行政处罚案

案号：（2021）苏 09 行终 398 号

来源：人民法院案例库 2023-12-3-001-020

裁判要点

（1）加处罚款的法律性质是行政执行罚。行政相对人对加处罚款决定不服，可以单独提起行政诉讼。

（2）在起诉期限和诉讼期间，均不停止行政处罚决定的执行，但加处罚款的数额在诉讼期间不予计算。在法院立案受理行政强制执行申请前，行政机关可以减免加处罚款的数额。

第一百二十五条　【专用票据】

旧（修订前）	新（修订后）
第一百零六条　人民警察当场收缴罚款的，应当向被处罚人出具省、自治区、直辖市人民政府财政部门统一制发的罚款收据；不出具统一制发的罚款收据的，被处罚人有权拒绝缴纳罚款。	第一百二十五条　人民警察当场收缴罚款的，应当向被处罚人出具省级以上人民政府财政部门统一制发的专用票据；不出具统一制发的专用票据的，被处罚人有权拒绝缴纳罚款。

思维导图

- 专用票据
  - 应当向被处罚人出具专用票据
    - 人民警察当场收缴罚款的
    - 出具省级以上人民政府财政部门统一制发的专用票据
  - 不出具则被处罚人有权拒绝缴纳罚款

拓展适用

《公安机关办理行政案件程序规定》第215条

案例精析

1. 某保健中心诉某生态环境局、某区人民政府行政处罚及行政复议案

案号：（2019）京01行终837号
来源：人民法院案例库 2023-11-3-001-002

裁判要点

医疗机构采取不正常运行水污染防治设施的方式，将医疗污

水未经处理直接排入市政管道，依法应予行政处罚。违法行为人的一个违法行为同时触犯了两个法律规定，行政机关按照罚款数额高的规定实施处罚的，人民法院予以支持。

2. 施某诉某卫生健康委员会、某区人民政府罚款、行政复议案

案号：（2022）沪 0115 行初 220 号
来源：人民法院案例库 2024-12-3-001-030

裁判要点

病历是医务人员在医疗活动过程中形成的文字、符号、图表、影像、切片等资料的总和。医务人员应当客观、真实、准确、及时、完整、规范的书写病历。医务人员违反规定，接诊时未及时书写病历或采取补正措施的，行政主管部门可根据其过错程度及给患者造成的损害后果等因素，依法给予警告并处一万元以上五万元以下罚款的行政处罚。

3. 某公司诉某市应急管理局行政处罚案

案号：（2021）苏 09 行终 398 号
来源：人民法院案例库 2023-12-3-001-020

裁判要点

（1）加处罚款的法律性质是行政执行罚。行政相对人对加处罚款决定不服，可以单独提起行政诉讼。

（2）在起诉期限和诉讼期间，均不停止行政处罚决定的执行，但加处罚款的数额在诉讼期间不予计算。在法院立案受理行政强制执行申请前，行政机关可以减免加处罚款的数额。

第一百二十六条 【暂缓行政拘留和出所】

旧（修订前）	新（修订后）
第一百零七条　被处罚人不服行政拘留处罚决定，申请行政复议、提起行政诉讼的，可以向公安机关提出暂缓执行行政拘留的申请。公安机关认为暂缓执行行政拘留不致发生社会危险的，由被处罚人或者其近亲属提出符合本法第一百零八条规定条件的担保人，或者按每日行政拘留二百元的标准交纳保证金，行政拘留的处罚决定暂缓执行。	第一百二十六条　被处罚人不服行政拘留处罚决定，申请行政复议、提起行政诉讼的，遇有参加升学考试、子女出生或者近亲属病危、死亡等情形的，可以向公安机关提出暂缓执行行政拘留的申请。公安机关认为暂缓执行行政拘留不致发生社会危险的，由被处罚人或者其近亲属提出符合本法第一百二十七条规定条件的担保人，或者按每日行政拘留二百元的标准交纳保证金，行政拘留的处罚决定暂缓执行。 　　正在被执行行政拘留处罚的人遇有参加升学考试、子女出生或者近亲属病危、死亡等情形，被拘留人或者其近亲属申请出所的，由公安机关依照前款规定执行。被拘留人出所的时间不计入拘留期限。

拓展适用

《中华人民共和国行政处罚法》
第 66 条、第 73 条

《公安机关办理行政案件程序规定》
第 222 条至第 226 条

案例精析

杜某、某市某区公安局行政处罚案

案号：（2023）藏 04 行终 8 号

来源：中国裁判文书网

裁判要点

本案中，杜某向某市某区公安局申请暂缓执行行政拘留，某市某区公安局应当依法进行审查，对申请材料进行审查，对是否符合暂缓执行行政拘留的条件依法进行审查判断；但依据《中华人民共和国治安管理处罚法》第一百零七条之规定"被处罚人不服行政拘留处罚决定，申请行政复议、提起行政诉讼的，可以向公安机关提出暂缓执行行政拘留的申请"，明确了"提出暂缓执行行政拘留的申请"的前提是"申请行政复议、提起行政诉讼"，是否申请了行政复议，或者提起了行政诉讼，应当依法进行审查，不能仅凭申请人的申请书或者陈述进行判断。本案中，杜某于2022年11月12日以其提起行政复议为由申请暂缓执行行政拘留，某市某区公安局于2022年11月12日作出暂缓执行拘留决定。某市某区公安局未审查杜某是否向行政机关申请复议，仅依据杜某提交的《申请书》作出《暂缓执行行政拘留决定书》，并无证据证明"杜某已经申请了行政复议"，故无法认定公安机关已经尽到了审查义务。

第一百二十七条 【担保人的条件】

旧（修订前）	新（修订后）
第一百零八条　担保人应当符合下列条件： （一）与本案无牵连； （二）享有政治权利，人身自由未受到限制； （三）在当地有常住户口和固定住所； （四）有能力履行担保义务。	第一百二十七条　担保人应当符合下列条件： （一）与本案无牵连； （二）享有政治权利，人身自由未受到限制； （三）在当地有常住户口和固定住所； （四）有能力履行担保义务。

◆ 思维导图

担保人的条件
- 与本案无牵连
- 享有政治权利，人身自由未受到限制
- 在当地有常住户口和固定住所
- 有能力履行担保义务

拓展适用

《公安机关办理行政案件程序规定》
第 227 条

第一百二十八条 【担保人义务及法律责任】

旧（修订前）	新（修订后）
第一百零九条　担保人应当保证被担保人不逃避行政拘留处罚的执行。 担保人不履行担保义务，致使被担保人逃避行政拘留处罚的执行的，由公安机关对其处三千元以下罚款。	第一百二十八条　担保人应当保证被担保人不逃避行政拘留处罚的执行。 担保人不履行担保义务，致使被担保人逃避行政拘留处罚的执行的，处三千元以下罚款。

思维导图

担保人的义务
- 应当保证被担保人不逃避行政拘留处罚的执行
- 不履行担保义务，致使被担保人逃避行政拘留处罚的执行的，处三千元以下罚款

要点注释

根据《公安机关办理行政案件程序规定》第二百二十九条第三款的规定，担保人履行了担保义务，但被担保人仍逃避行政拘留处罚的执行的，或者被处罚人逃跑后，担保人积极帮助公安机关抓获被处罚人的，可以从轻或者不予处罚。

《公安机关办理行政案件程序规定》第二百三十条规定，担保人在暂缓执行行政拘留期间，不愿继续担保或者丧失担保条件的，行政拘留的法定机关应当责令被处罚人重新提出担保人或者交纳保证金。不提出担保人又不交纳保证金的，恢复执行行政拘留。可见，担保人可以中途退出担保，此时被处罚人应当重新提出担保人或者交纳保证金，否则将被恢复执行行政拘留。

拓展适用

《公安机关办理行政案件程序规定》
第229条至第230条

第一百二十九条 【保证金的没收】

旧（修订前）	新（修订后）
第一百一十条　被决定给予行政拘留处罚的人交纳保证金，暂缓行政拘留后，逃避行政拘留处罚的执行的，保证金予以没收并上缴国库，已经作出的行政拘留决定仍应执行。	第一百二十九条　被决定给予行政拘留处罚的人交纳保证金，暂缓行政拘留或者出所后，逃避行政拘留处罚的执行的，保证金予以没收并上缴国库，已经作出的行政拘留决定仍应执行。

思维导图

交纳保证金后逃避行政拘留处罚的执行 ── 保证金予以没收并上缴国库
　　　　　　　　　　　　　　　　└─ 已经作出的行政拘留决定仍应执行

拓展适用

《公安机关办理行政案件程序规定》第 232 条

案例精析

王某、某县公安局公安行政管理案

案号：（2018）黔行申 296 号
来源：中国裁判文书网

裁判要点

《公安机关办理刑事案件程序规定》第九十二条第一款规定，被取保候审人在取保候审期间违反本规定第八十五条、第八十六条规定，已交纳保证金的，公安机关应当根据其违反规定的情节，决定没收部分或者全部保证金，并且区别情形，责令其具结悔过、重新交纳保证金、提出保证人，变更强制措施或者给予治安管理处罚；需要予以逮捕的，可以对其先行拘留。《中华人民共和国治安管理处罚法》第六十条第四项规定："有下列行为之一的，处五日以上十日以下拘留，并处二百元以上五百元以下罚款……（四）被依法执行管制、剥夺政治权利或者在缓刑、暂予监外执行中的罪犯或者被依法采取刑事强制措施的人，有违反法律、行政法规或者国务院有关部门的监督管理规定的行为。"本案中，王某在取保候审期间未经公安机关批准，离开居住地，该行为违反了前述法律的规定，公安机关对其行政拘留十日并处罚款二百元的处罚于法有据，并无不当。

第一百三十条 【保证金的退还】

旧（修订前）	新（修订后）
第一百一十一条　行政拘留的处罚决定被撤销，或者行政拘留处罚开始执行的，公安机关收取的保证金应当及时退还交纳人。	第一百三十条　行政拘留的处罚决定被撤销，行政拘留处罚开始执行，或者出所后继续执行的，公安机关收取的保证金应当及时退还交纳人。

思维导图

退还保证金
- 行政拘留的处罚决定被撤销
- 行政拘留处罚开始执行
- 出所后继续执行

拓展适用

《公安机关办理行政案件程序规定》
第 232 条

案例精析

李某与某市公安局行政强制申诉案

案号：（2016）最高法行申 724 号
来源：中国裁判文书网

裁判要点

李某申请再审称：（1）某市公安局的行为违反法律规定，违规取保候审，不退还保证金。（2）某市公安局系营口市政府职能部门，中级人民法院就应该受理李某的行政诉讼。请求撤销一、二审行政裁定，由市中级人民法院立案审理。法院经审查认为，根据《中华人民共和国行政诉讼法》第四十九条第四项的规定，提起行政诉讼应当属于人民法院受案范围和受诉人民法院管辖。《中华人民共和国行政诉讼法》第十五条规定，对国务院部门或者县级以上地方人民政府所作的行政行为提起诉讼的第一审行政案件，由中级人民法院管辖。某市公安局系独立的行政主体。李某对某市公安局的行政行为不服，应当向基层人民法院提起诉讼。李某向市中级人民法院提起诉讼，违反了行政诉讼法关于级别管辖的规定，不符合法定起诉条件。根据《中华人民共和国行政诉讼法》第五十一条第二款的规定，当事人起诉不符合法定受理条件的，应当裁定不予立案。

第五章　执法监督

第一百三十一条 【执法原则】

旧（修订前）	新（修订后）
第一百一十二条 公安机关及其人民警察应当依法、公正、严格、高效办理治安案件，文明执法，不得徇私舞弊。	第一百三十一条 公安机关及其人民警察应当依法、公正、严格、高效办理治安案件，文明执法，不得徇私舞弊、玩忽职守、滥用职权。

案例精析

陈某、某市公安局某分局、胡某行政处罚案

案号：（2019）浙行申 1024 号
来源：中国裁判文书网

裁判要点

申请人申诉意见实质系对被诉的行政处罚决定能否予以执行、是否实际执行存在异议，但经查，因申请人一审诉讼请求为"请求判决撤销某市公安局于 2017 年 12 月 25 日作出的行政处罚决定，故从法律上分析，被申请人作出被诉的行政处罚决定与该行政处罚决定的执行，属于两个不同的法律行为，申请人提出异议，不属于本案审理范围。《中华人民共和国治安管理处罚法》第一百一十二条、第一百一十四条、第一百一十五条、第一百一十六条专门对公安机关的"执法监督"作了专门规定，申请人异议可通过其他方式提出。本案中，申请人提出相关主张，系对行政诉讼法律规定的误解，不能成立。

第一百三十二条 【禁止性规定】

旧（修订前）	新（修订后）
第一百一十三条　公安机关及其人民警察办理治安案件，禁止对违反治安管理行为人打骂、虐待或者侮辱。	第一百三十二条　公安机关及其人民警察办理治安案件，禁止对违反治安管理行为人打骂、虐待或者侮辱。

◆ 思维导图

办理治安案件禁止对违反治安管理行为人 —— 打骂 / 虐待 / 侮辱

要点注释

　　本条的规定是人民警察应当遵守的行为准则。《中华人民共和国刑法》《中华人民共和国刑事诉讼法》《中华人民共和国人民警察法》对此也有相关规定。实践中，在办案时采用打骂、虐待或者侮辱等手段的，不仅严重侵犯人身权利，而且极易造成错案。

第一百三十三条 【社会监督】

旧（修订前）	新（修订后）
第一百一十四条　公安机关及其人民警察办理治安案件，应当自觉接受社会和公民的监督。 　　公安机关及其人民警察办理治安案件，不严格执法或者有违法违纪行为的，任何单位和个人都有权向公安机关或者人民检察院、行政监察机关检举、控告；收到检举、控告的机关，应当依据职责及时处理。	第一百三十三条　公安机关及其人民警察办理治安案件，应当自觉接受社会和公民的监督。 　　公安机关及其人民警察办理治安案件，不严格执法或者有违法违纪行为的，任何单位和个人都有权向公安机关或者人民检察院、监察机关检举、控告；收到检举、控告的机关，应当依据职责及时处理。

思维导图

办理治安案件的社会监督
- 应当自觉接受社会和公民的监督
- 任何单位和个人都有权向公安机关或者人民检察院、监察机关检举、控告
- 收到检举、控告的机关，应当依据职责及时处理

案例精析

徐某与某市人民政府行政监察案

案号：（2024）鲁行终599号
来源：中国裁判文书网

裁判要点

依据《中华人民共和国治安管理处罚法》的规定，对于生效行政处罚决定的执行问题，利害关系人可通过《中华人民共和国治安管理处罚法》规定的执法监督程序或者其他合法救济途径主张权利。

第一百三十四条 【治安处罚与政务处分衔接】

第一百三十四条 公安机关作出治安管理处罚决定,发现被处罚人是公职人员,依照《中华人民共和国公职人员政务处分法》的规定需要给予政务处分的,应当依照有关规定及时通报监察机关等有关单位。

思维导图

- 违反治安管理行为人是公职人员
  - 依照《中华人民共和国公职人员政务处分法》的规定需要给予政务处分的
  - 应当依照有关规定及时通报监察机关等有关单位

拓展适用

《中华人民共和国监察法》
第 71 条至第 76 条
《中华人民共和国公职人员政务处分法》

第一百三十五条 【罚款决定与罚款收缴分离】

旧（修订前）	新（修订后）
第一百一十五条　公安机关依法实施罚款处罚，应当依照有关法律、行政法规的规定，实行罚款决定与罚款收缴分离；收缴的罚款应当全部上缴国库。	第一百三十五条　公安机关依法实施罚款处罚，应当依照有关法律、行政法规的规定，实行罚款决定与罚款收缴分离；收缴的罚款应当全部上缴国库，不得返还、变相返还，不得与经费保障挂钩。

拓展适用

《罚款决定与罚款收缴分离实施办法》

案例精析

徐某、某市综合行政执法局、某市人民政府行政监察案

案号：（2019）浙04行终296号
来源：中国裁判文书网

裁判要点

本案中，上诉人对某市综合行政执法局认定其在2019年1月26日将机动车停在人行道上系违法行为，作出罚款一百五十元的行政处罚的事实认定、职权依据、罚款金额均无异议。因此，某市人民政府作出复议决定维持某市综合行政执法局的该行政处罚决定，并无不当。某市综合行政执法局对上诉人作出罚款一百五十元的行政处罚行为的载体为一式多联的行政处罚决定书，该处罚决定书除载明行政处罚行为的内容外，同时告知了上诉人如何缴纳罚款的方式，以及逾期不缴纳的后果。此项内容是告知相对人如何履行行政处罚决定，并非行政处罚决定，告知履行方式是否存在瑕疵，并不影响行政处罚决定的合法性。至于上诉人是否履行缴款义务，是否应收取滞纳金，属于行政处罚的执行，与行政处罚行为分属不同的行政行为，不能在本案中进行审查，故原审对某市人民政府复议决定中关于是否收取滞纳金的表述的指正正确。上诉人如认为行政处罚的执行侵害其权益的，应当另行依法主张。上诉人在本案中要求法院审查行政处罚的执行行为不符合行政诉讼法"一行为一诉讼"的审理原则，其以对行政处罚行为的执行的异议为由请求撤销某市综合行政执法局作出的行政处罚行为，于法无据，不予支持。原审法院认定事实清楚，适用法律正确，依法应予维持。

第一百三十六条 【治安违法记录封存】

第一百三十六条 违反治安管理的记录应当予以封存，不得向任何单位和个人提供或者公开，但有关国家机关为办案需要或者有关单位根据国家规定进行查询的除外。依法进行查询的单位，应当对被封存的违法记录的情况予以保密。

思维导图

```
                          ┌── 违法记录应当予以封存
治安违法记录封存 ─────┤
                          │          ┌── 有关国家机关为办案需要
                          └── 例外 ──┤
                                     └── 有关单位根据国家规定进行查询
```

案例精析

沈某故意杀人、抢劫案

案号：（2015）吉刑一终字第 111 号
来源：人民法院案例库

裁判要点

犯罪记录封存并非犯罪记录消灭，不影响在封存之后的刑事诉讼中对已封存的犯罪记录进行法律评价。对于前罪符合犯罪记录封存条件的犯罪分子，在假释考验期限内犯新罪的，应当撤销假释，依照刑法有关规定予以数罪并罚。

第一百三十七条 【同步录音录像运行安全管理】

第一百三十七条 公安机关应当履行同步录音录像运行安全管理职责,完善技术措施,定期维护设施设备,保障录音录像设备运行连续、稳定、安全。

◇ 思维导图

公安机关应当履行同步录音录像运行安全管理职责
- 完善技术措施
- 定期维护设施设备
- 保障录音录像设备运行连续、稳定、安全

拓展适用

《中华人民共和国个人信息保护法》
第 33 条至第 37 条

第一百三十八条 【个人信息保护】

第一百三十八条 公安机关及其人民警察不得将在办理治安案件过程中获得的个人信息,依法提取、采集的相关信息、样本用于与治安管理、查处犯罪无关的用途,不得出售、提供给其他单位或者个人。

◆思维导图

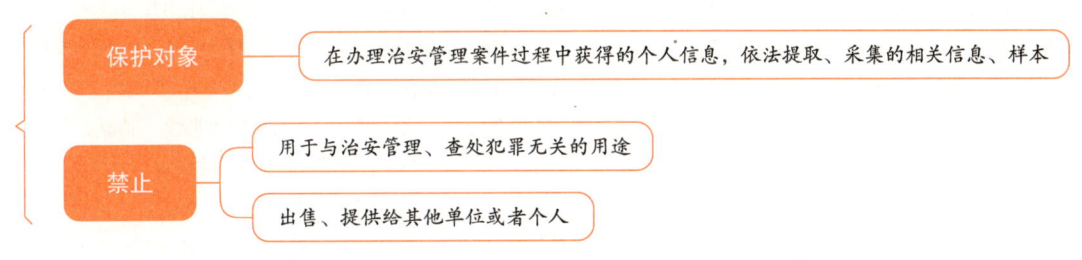

- 保护对象
  - 在办理治安管理案件过程中获得的个人信息,依法提取、采集的相关信息、样本
- 禁止
  - 用于与治安管理、查处犯罪无关的用途
  - 出售、提供给其他单位或者个人

第一百三十九条 【违法行为及其处罚】

旧（修订前）	新（修订后）
第一百一十六条　人民警察办理治安案件，有下列行为之一的，依法给予行政处分；构成犯罪的，依法追究刑事责任： （一）刑讯逼供、体罚、虐待、侮辱他人的； （二）超过询问查证的时间限制人身自由的； （三）不执行罚款决定与罚款收缴分离制度或者不按规定将罚没的财物上缴国库或者依法处理的； （四）私分、侵占、挪用、故意损毁收缴、扣押的财物的； （五）违反规定使用或者不及时返还被侵害人财物的； （六）违反规定不及时退还保证金的； （七）利用职务上的便利收受他人财物或者谋取其他利益的； （八）当场收缴罚款不出具罚款收据或者不如实填写罚款数额的； （九）接到要求制止违反治安管理行为的报警后，不及时出警的； （十）在查处违反治安管理活动时，为违法犯罪	第一百三十九条　人民警察办理治安案件，有下列行为之一的，依法给予处分；构成犯罪的，依法追究刑事责任： （一）刑讯逼供、体罚、打骂、虐待、侮辱他人的； （二）超过询问查证的时间限制人身自由的； （三）不执行罚款决定与罚款收缴分离制度或者不按规定将罚没的财物上缴国库或者依法处理的； （四）私分、侵占、挪用、故意损毁所收缴、追缴、扣押的财物的； （五）违反规定使用或者不及时返还被侵害人财物的； （六）违反规定不及时退还保证金的； （七）利用职务上的便利收受他人财物或者谋取其他利益的； （八）当场收缴罚款不出具专用票据或者不如实填写罚款数额的； （九）接到要求制止违反治安管理行为的报警后，不及时出警的； （十）在查处违反治安管理活动时，为违法犯罪行为人通风报信的； （十一）泄露办理治安案件过程中的工作秘密或者其他依法应当保密的信息的； （十二）将在办理治安案件过程中获得的个人信息，依法提取、采集的相关信息、样本用于与治安管理、查处犯罪无关的用途，或者出售、提供给其他单位或者个人的；

旧（修订前）	新（修订后）
行为人通风报信的； （十一）有徇私舞弊、滥用职权，不依法履行法定职责的其他情形。 办理治安案件的公安机关有前款所列行为的，对直接负责的主管人员和其他直接责任人员给予相应的行政处分。	（十三）剪接、删改、损毁、丢失办理治安案件的同步录音录像资料的； （十四）有徇私舞弊、玩忽职守、滥用职权，不依法履行法定职责的其他情形。 办理治安案件的公安机关有前款所列行为的，对负有责任的领导人员和直接责任人员，依法给予处分。

案例精析

王某贩卖、运输毒品案

案号：（2015）冀刑二终字第16号
来源：人民法院案例库 2024-04-1-356-001

裁判要点

司法实践中，被告人提出排除非法证据申请，但公诉机关未能提供讯问录音录像的，对有关供述是否予以排除，应当根据案件情况赋予法官一定的自由裁量权。首先，从制度设计的初衷来看，讯问录音录像制度主要是为了保障供述的自愿性，进而确保供述的真实性，最终达到发现事实真相、准确惩罚犯罪的目的。办案机关违反讯问录音录像规定并不必然影响供述的自愿性，如果其他证据能够证明供述系被告人自愿作出，并不存在刑讯逼供等非法取证行为，就应当认可供述的合法性。其次，在目前的执法状况下，要求对所有刑事案件的讯问过程进行全程录音录像，难以一步到位；对于不能提供讯问录音录像的情形，如果完全不考虑其他证明取证合法性的证据材料，一律排除有关供述，可能过于严格。不过，对于办案单位未依照法律规定对讯问过程录音录像或者未提供讯问录音录像，又不能提供其他证据材料证明取证合法性，不能排除以非法方法收集证据情形的，对有关证据应当予以排除。排除非法证据后，案件事实清楚，证据确实、充分，依据法律认定被告人有罪的，应当作出有罪判决；证据不足，不能认定被告人有罪的，应当作出证据不足、指控的犯罪不能成立的无罪判决；案件部分事实清楚，证据确实、充分的，依法认定该部分事实。

第一百四十条 【赔偿责任】

旧（修订前）	新（修订后）
第一百一十七条　公安机关及其人民警察违法行使职权，侵犯公民、法人和其他组织合法权益的，应当赔礼道歉；造成损害的，应当依法承担赔偿责任。	第一百四十条　公安机关及其人民警察违法行使职权，侵犯公民、法人和其他组织合法权益的，应当赔礼道歉；造成损害的，应当依法承担赔偿责任。

◆ 思维导图

公安机关及其人民警察违法行使职权 —— 应当赔礼道歉

公安机关及其人民警察违法行使职权 —— 造成损害的，应当依法承担赔偿责任

拓展适用

《中华人民共和国国家赔偿法》
第6条至第16条、第32条至第37条

案例精析

1. 某房地产公司、马某某等人申请某市公安局变相羁押、违法刑事拘留、刑事违法扣押赔偿案

案号：（2020）内委赔1号

来源：人民法院案例库 2023-15-4-112-001

裁判要点

公安机关实施拘留时间不得超过《中华人民共和国刑事诉讼法》规定的时限，拘留到期的，应当及时变更强制措施；在收到检察机关不批捕决定后应当立即释放被拘留人。公安机关在羁押场所、专门的办案场所或者办公场所执行监视居住的，实际构成刑事拘留效果的，属于变相羁押。公安机关违法采取行政强制措施造成当事人人身、财产损害的，应当依法承担国家赔偿责任。

230

2. 李某申请某市公安局违法刑事拘留、违法刑事扣押国家赔偿案

案号：（2020）最高法委赔监 293 号
来源：人民法院案例库 2025-15-4-100-003

裁判要点

具有机关法人资格、能够依照预算管理权限向财政部门提出国家赔偿费用支付申请的省、市公安机关的直属公安（分）局，可以作为赔偿义务机关承担国家赔偿责任。直属公安（分）局不具备上述条件的，则由设立该直属公安（分）局的省、市公安机关作为赔偿义务机关。

3. 陈某申请某市公安局某分局怠于履行职责致死赔偿案

案号：（2022）豫 15 委赔 6 号
来源：人民法院案例库 2024-15-4-123-003

裁判要点

抓捕过程中，执法机关工作人员发现犯罪嫌疑人突发疾病后及时采取拨打急救电话并送医等救治措施，对犯罪嫌疑人死亡不存在怠于救助或拖延救助等消极不作为情形的，不承担国家赔偿责任。

第六章 附 则

第一百四十一条 【相关法律的衔接适用】

第一百四十一条 其他法律中规定由公安机关给予行政拘留处罚的,其处罚程序适用本法规定。

公安机关依照《中华人民共和国枪支管理法》、《民用爆炸物品安全管理条例》等直接关系公共安全和社会治安秩序的法律、行政法规实施处罚的,其处罚程序适用本法规定。

本法第三十二条、第三十四条、第四十六条、第五十六条规定给予行政拘留处罚,其他法律、行政法规同时规定给予罚款、没收违法所得、没收非法财物等其他行政处罚的行为,由相关主管部门依照相应规定处罚;需要给予行政拘留处罚的,由公安机关依照本法规定处理。

◇ 思维导图

- 相关法律的衔接适用
  - 其他法律中规定由公安机关给予行政拘留处罚的
  - 公安机关依照直接关系公共安全和社会治安秩序的法律、行政法规实施的处罚程序
    - 《中华人民共和国枪支管理法》
    - 《民用爆炸物品安全管理条例》
    - 其他

第一百四十二条 【海警机构海上治安管理职责与职权】

> 第一百四十二条 海警机构履行海上治安管理职责,行使本法规定的公安机关的职权,但是法律另有规定的除外。

思维导图

海警机构履行海上治安管理职责与职权
- 行使本法规定的公安机关的职权
- 法律另有规定的除外

拓展适用

《中华人民共和国海警法》
第三章

案例精析

张某与某海警局某工作站司法行政管理案

案号:(2024)鲁10行终113号
来源:中国裁判文书网

裁判要点

根据《中华人民共和国海警法》第二条、第十二条第一款第三项、第二十三条第一款、第三十七条以及《中华人民共和国治安管理处罚法》第九十一条的规定,被上诉人某海警局某工作站具有对违反海上治安管理的行为查处的法定职责。《中华人民共和国治安管理处罚法》第四十三条规定,殴打他人的,或者故意伤害他人身体的,处五日以上十日以下拘留,并处二百元以上五百元以下罚款;情节较轻的,处五日以下拘留或者五百元以下罚款。《公安机关办理行政案件程序规定》第六十五条的规定,对发现或者受理的案件暂时无法确定为刑事案件或者行政案件的,可以按照行政案件的程序办理。在办理过程中,认为涉嫌构成犯罪的,应当按照《公安机关办理刑事案件程序规定》办理。本案中,刘某虽用右拳击打张某肩膀,但相关证人均证明张某未受伤,且经某检查也未见异常,被上诉某海警局某工作站经调查后认为刘某的行为违反《中华人民共和国治安管理处罚法》的规定,并将本案作为行政案件处理符合法律规定。

第一百四十三条 【"以上、以下、以内"的含义】

旧(修订前)	新(修订后)
第一百一十八条 本法所称以上、以下、以内,包括本数。	**第一百四十三条** 本法所称以上、以下、以内,包括本数。

第一百四十四条 【施行日期】

第一百四十四条 本法自 2026 年 1 月 1 日起施行。

图书在版编目（CIP）数据

图解治安管理处罚法 / 法规应用研究中心编.
北京：中国法治出版社，2025.7. --（图解法律系列）.
ISBN 978-7-5216-5224-6

Ⅰ．D922.144

中国国家版本馆 CIP 数据核字第 2025D7T438 号

责任编辑：白天园　　　　　　　　　　　　封面设计：周黎明

图解治安管理处罚法
TUJIE ZHI'AN GUANLI CHUFAFA

编者 / 法规应用研究中心
经销 / 新华书店
印刷 / 三河市紫恒印装有限公司
开本 / 880 毫米 ×1230 毫米　32 开　　　印张 / 7.75　字数 / 119 千
版次 / 2025 年 7 月第 1 版　　　　　　　　2025 年 7 月第 1 次印刷

中国法治出版社出版
书号 ISBN 978-7-5216-5224-6　　　　　　　　　　　　定价：46.00 元

北京市西城区西便门西里甲 16 号西便门办公区
邮政编码：100053　　　　　　　　　　　　传真：010-63141600
网址：http://www.zgfzs.com　　　　　　　编辑部电话：010-63141792
市场营销部电话：010-63141612　　　　　　印务部电话：010-63141606
（如有印装质量问题，请与本社印务部联系）